BREVE HISTORIA DE
AL-ÁNDALUS

BREVE HISTORIA DE
AL-ÁNDALUS

Ana Martos Rubio

nowtilus

Colección: Breve Historia
www.brevehistoria.com

Título: *Breve historia de al-Ándalus*
Autor: © Ana Martos Rubio

Copyright de la presente edición: © 2013 Ediciones Nowtilus, S.L.
Doña Juana I de Castilla 44, 3º C, 28027 Madrid
www.nowtilus.com

Responsable editorial: Isabel López-Ayllón Martínez
Maquetación: Patricia T. Sánchez Cid

ISBN edición impresa 978-84-9967-476-6
ISBN impresión bajo demanda 978-84-9967-477-3
ISBN edición digital 978-84-9967-478-0
Fecha de edición: Marzo 2013

Impreso en España
Imprime: Imprenta Fareso
Depósito legal: M-3107-2013

A mi madre,
que era de Córdoba,
y a mi padre,
que era de Granada.

Índice

Introducción

En el siglo VIII, España se llamó al-Ándalus y constituyó la provincia más occidental de Dar al-Islam, un inmenso territorio que se extendía desde Persia hasta el Atlántico, cuyos habitantes oraban cinco veces al día en lengua árabe, dirigiendo sus plegarias hacia La Meca.

Diversas teorías señalan diferentes orígenes para el nombre de al-Ándalus. El más convincente podría ser el derivado de «La isla de los Vándalos», *tamurt Vandalus* en bereber y, en árabe, *al-jazirat al-Andalus*. Los vándalos abandonaron la península ibérica por el estrecho de Gibraltar para establecerse en la actual República Tunecina, donde dejaron no pocos vestigios de la cultura romana y de un refinamiento que en nada avala la connotación que su nombre ha alcanzado en nuestros días.

Según otros autores, al-Ándalus también podría ser la traducción árabe de «isla del Atlántico o Atlántida», que es el nombre que Platón dio a una isla mítica que se suponía próxima a la península ibérica.

El lector observará que muchos nombres árabes, tanto de personajes como de ciudades, son diferentes a los que encontrará en distintos libros. Esto se debe a la transliteración de los nombres a las distintas lenguas. Por ejemplo, si se ha transliterado al francés, encontrará el nombre de Marouan; si se ha transliterado al inglés, lo encontrará como Marwan, y, si se ha transliterado al castellano, lo encontrará como Maruán. El mismo nombre escrito de tres maneras.

Se escriban como se escriban, los personajes, la cultura y las vivencias de al-Ándalus vinieron y se marcharon, pero nos dejaron una huella indeleble que se refleja en nuestras construcciones, en nuestras costumbres, en nuestra lengua, en nuestra fisonomía, en nuestra gastronomía y en nuestra idiosincrasia.

1

El imperio de las mil y una noches

Mi amada, cuando está sola y no teme a los celosos,
descubre sus brazos rollizos y firmes como los
miembros de una joven camella,
cuyo color es de un blanco puro, cuyo seno no ha
concebido jamás.
Su talle me hace perder la razón.
Sus piernas son semejantes a dos columnas de mármol
y están adornadas con anillos entrelazados que dejan oír,
cuando anda, un murmullo muy agradable.

Moallaquat

Arm Ben Kolthum

Los *Moallaquat* o *Mu'allaqat,* 'poemas suspendidos',
son una colección de poemas de los primeros tiempos
de la literatura árabe, atribuidos a siete poetas y trans-
mitidos por vía oral. Contienen una enorme riqueza
de imágenes, de descripciones inspiradas y de color
local. Recuerdan la vida nómada de los beduinos y se

remontan al siglo VI. Pertenecen, por tanto, a los tiempos de la idolatría anterior al islamismo, a los tiempos que han pasado a denominarse «la época de la ignorancia», cuando el mundo árabe aún ignoraba el Corán, tiempos prehistóricos de la civilización árabe, en que la poesía marca la creatividad, porque dejaron a la posteridad una rica herencia de palabras recitadas.

Ismael e Israel

Dos años después del diluvio, cuando Sem, hijo primogénito de Noé, contaba cien años de edad, engendró a Arpaksad, de cuya genealogía nacería siglos más tarde Abraham, el patriarca. En su tierra natal, Ur de los caldeos, tomó Abraham por esposa a Sara, pero Yahvé le ordenó dejar su casa paterna y partir para la tierra de Canaán, prometiéndole que de él nacería una nación grande y que en él serían bendecidos todos los linajes de la Tierra.

Pasó el tiempo y la promesa divina no se cumplía, porque aquella pareja destinada a poblar un país no conseguía concebir un hijo. Entonces, Sara entregó a su marido a su esclava egipcia Agar, para que la tomara como mujer y concibiese hijos en ella. Pero, una vez que se vio encinta, la esclava miró al ama con desprecio y el ama, enfurecida, la arrojó lejos de su hogar.

Abandonada en el desierto, Agar creyó morir pero el ángel del Señor vino a ella para advertirle que de su vientre nacería un hijo al que llamarían Ismael y cuya posteridad sería tan numerosa que no se podría contar. «Este hijo será como un onagro humano», le dijo, «su mano contra todos y todos contra él y enfrente de todos habitará». Con esta promesa volvió Agar a someterse a su ama y dio a luz a su hijo sobre las rodillas de Sara, quien lo recibió como hijo propio.

Ismael fue el hijo primogénito de Abraham, nacido de una esclava, pero cuando nació Isaac, concebido en su mujer Sara, esta le exigió expulsar a Ismael y a su madre para que no disputasen la herencia a su hijo propio. Así vio Guercino el repudio de Agar e Isaac. Pinacoteca di Brera, Milán.

Pero, pasado un tiempo, quiso Yahvé que también Sara quedara encinta, aunque su edad era avanzada y su período fecundo había desaparecido tiempo atrás. Y fue con este hijo y no con Ismael con quien Yahvé aseguró que establecería su alianza. Cuando llegó el momento de destetar a Isaac, el hijo de Sara, ella exigió a Abraham que expulsara de casa a la esclava y a su hijo, pues no debía repartir su herencia.

Así se vio Agar forzada por segunda vez a abandonar su hogar y a vagar por el desierto de Beersheva, junto con su hijo Ismael, un odre de agua y un pan. Cuando terminó sus exiguas provisiones, Agar invocó a Dios para que no permitiese morir a su hijo y Dios escuchó su ruego, abrió ante ella un pozo y llenó su bolsa de alimentos. Protegido por Yahvé, Ismael vivió en el desierto de

Parán, desposando, en su momento, a una mujer egipcia de la que nació la abundante descendencia que el Señor le había prometido. De su genealogía nacieron doce príncipes para las doce tribus del desierto y sus descendientes habitaron la región que se extiende desde Javilá hasta el sur, que está frente a Egipto en dirección a Asur, estableciéndose enfrente de todos sus hermanos.

Esto es lo que cuenta el *Génesis,* pero ya sabemos que los libros de la *Biblia,* como casi todas las antiguas epopeyas, relatan la historia en forma de mitos. El mito de Agar es, sin duda, el origen de la eterna querella entre árabes y hebreos, entre Ismael e Israel, porque Israel es el nombre de Jacob, hijo de Isaac y progenitor de las doce tribus de Israel, como Ismael lo fue de las doce tribus del desierto.

Veinte siglos pasaron desde el nacimiento mítico de Ismael hasta el nacimiento histórico de Mahoma. No se ha podido establecer la línea recta que conduce del primero al segundo, pero la tradición ha dado la ascendencia por segura. Hay que tener en cuenta que los árabes guardan su genealogía, que se remonta a la generación más lejana, y no solamente guardan la suya, sino la de su caballo. Y han podido guardarla porque se han mantenido puros a través de los siglos, como ismaelíes o agarenos libres sin mezcla de individuos de otras civilizaciones.

Ninguna de aquellas naciones poderosas que en la Antigüedad construyeron imperios sobre pueblos conquistados logró penetrar en Arabia. Las expediciones romanas se estrellaron contra los inmensos océanos de arena que los árabes emplearon como salvaguarda. Apenas se aproximaba un invasor, los habitantes de los aduares levantaban sus tiendas, aparejaban sus camellos y sus caballos, cegaban los pozos que iban a dejar atrás y se internaban en el terrible desierto, dejando a los asaltantes extenuados en una inmensidad abrasada por el sol, sin agua, sin árboles y sin senderos.

LA ÉPOCA DE LA IGNORANCIA

Se distinguen en el extremo suroccidental de Arabia dos áreas geográficas; una de ellas es una inmensa llanura desierta, sin árboles ni ríos, y, la otra, un área montañosa rematada por una franja litoral que separa las montañas del mar. El clima es desértico en la llanura, pero las montañas ofrecen la sombra acogedora del oasis. Allí florecieron, en el primer milenio antes de nuestra era, numerosos reinos independientes, entre ellos, los de Saba y Palmira, de cuyas reinas se cuentan tantas historias y leyendas, y al norte la tierra de Edom alojó el reino de los nabateos, que desapareció antes de la llegada del islam dejándonos las maravillas del desierto rosado de Petra.

En lo que a nuestra historia atañe, aquella región fue el semillero del que surgieron los pueblos semitas a los que hemos llamado acadios, babilonios, fenicios, sirios, hebreos, cananeos o árabes. Todos con una lengua, una gramática y un vocabulario comunes. Por eso, el *Génesis* hace a todos ellos descendientes de un mismo tronco, Sem.

Desde el desierto, verdaderos enjambres humanos emigraron en la Prehistoria hacia la zona que hace frontera con Siria, donde el desierto se suaviza ofreciendo pozos y fuentes que dan riego a las palmeras. A su sombra se construyeron los primeros aduares, formados por tiendas y chozas de cañas y barro. Y allí se inició una nueva vida sedentaria junto a los huertos y a los cercados para el ganado, en los valles fértiles donde se cultiva el mijo y el café y donde el árbol del incienso crece de forma espontánea trepando por las laderas de los montes.

Nuevas hordas semitas fueron llegando sucesivamente del sur, escapando del desierto con sus camellos y sus ovejas y empujando más hacia el norte a los grupos

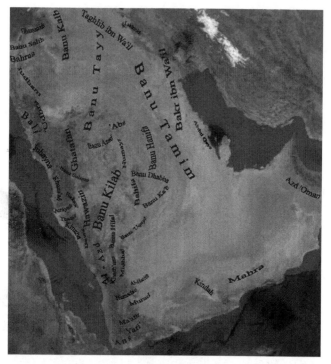

El islam se propagó por toda Arabia reuniendo a las tribus árabes en un Estado único con el Corán como constitución.
Tribus principales de Arabia a la llegada del islam.
Fuente: Slackerlawstudent, Wikimedia.

que ya se habían establecido, para ocupar cada uno el oasis que el otro dejaba libre.

Las invasiones, las guerras entre tribus y la expulsión de los grupos más débiles al desierto para esquilmar sus bienes y, sobre todo, su preciada agricultura, fueron forjando el carácter belicoso de los líderes árabes que un día dirigirían los ejércitos del islam.

LA LENGUA QUE HABLAN DIOS
Y LOS MUSULMANES

> Leed el nombre de Alá; apreciad que Él os ha
> enseñado el uso de la pluma.
>
> Corán, XCVI, 3 a 4

Cuando Dios decidió poblar la Tierra, esparció por ella numerosas criaturas entre las cuales repartió sus dones, dando a los griegos la belleza, a los chinos la habilidad manual y a los árabes la superioridad lingüística. Y ellos supieron conservar esa perfección a través de los siglos porque sus sabios dicen que la lengua no es humana, sino de origen divino y que ya Adán hablaba árabe cuando vivía en el Edén.

Entre los árabes, la palabra oral y más tarde escrita ejerció un gran influjo en el desarrollo de tradiciones y costumbres. El sentido de la imagen y del ritmo es inherente a la naturaleza de los hijos del desierto, que fueron poetas antes de tener poesía y fueron narradores elocuentes antes de tener literatura. Para los árabes, el verdadero maestro es el que habla y seduce con su palabra. De ahí vinieron el poder y la fascinación de Mahoma, que, aun siendo iletrado, aprendió el arte de convencer antes de lanzarse a predicar las revelaciones divinas.

Si Adán transmitió a los árabes su lengua hablada, la tradición afirma que la escritura se debe a Hymiar, hijo de Yoktán que fue rey de Yemen y dio su nombre a una lengua semítica que se habló hasta el siglo X, un alfabeto muy antiguo utilizado ya en las inscripciones de las estatuillas de alabastro de los reyes yemeníes, así como en algunas estelas votivas que agradecen a los dioses su intervención en el éxito de asuntos terrenales.

Pero la escritura árabe solamente se perfeccionó cuando se inició la transcripción del Corán, ya en el siglo VIII, agregando puntos para indicar las vocales breves porque, hasta entonces, solamente las consonantes y las vocales largas tenían derecho a ser escritas. Entonces, los lingüistas se convirtieron en artesanos de la lengua árabe para preservar el libro sagrado de modificaciones o alteraciones de dialectos contaminados por lenguas extranjeras. Téngase en cuenta que varios versículos del Corán señalan que el texto fue revelado a Mahoma en árabe puro y que nunca se ha admitido traducción alguna a otros idiomas. Con ello, consiguieron unificar la lengua de toda la península arábiga, arrinconando las otras lenguas y dialectos para hacer surgir una lengua única y gloriosa, la *lugha*. Y, con la expansión del islam, consiguieron también convertir el árabe en una lengua internacional no solamente para la religión, sino para la civilización. Es la lengua oficial de todos los países que hoy llamamos «árabes», con excepción de la lengua persa que se conserva en el actual Irán.

Según cuenta José Pijoán, los árabes conocieron la técnica de fabricar papel antes que otros pueblos orientales, ya que ninguno de los escritos islámicos tiene forma de rollo, sino que siempre está contenido en libros encuadernados. Los libros son objeto de veneración porque de ello se ocupó el Profeta reflejando en el Corán la importancia de aprender de los libros. Mahoma se confesó iletrado, pues tuvo que oír de viva voz las noticias e historias que le leían los que eran capaces de hacerlo. También tuvo que recitar de memoria las instrucciones que recibió de sus visiones angélicas. De ahí que muchas de las narraciones del Corán sean inexactas, pero el Profeta nunca trató de contar realidades, sino ejemplos de lo que Dios quiere que seamos y de lo que quiere que hagamos.

LA KAABA

Según la tradición musulmana, fue el mismo Abraham quien mandó construir el templo de la Kaaba durante una peregrinación a Arabia, en un tiempo en el que las gentes practicaban todavía el politeísmo y creían en numerosos dioses. Como todos los pueblos primitivos, los árabes practicaban cultos solares y estelares y adoraban árboles y piedras. La Piedra Negra, una piedra de origen meteórico engastada en plata y empotrada en el ángulo oriental de la Kaaba, podría ser un vestigio pagano preislámico, aunque algunas tradiciones aseguran que Ismael apoyó en ella su cabeza cuando vivió con su madre en el desierto de Parán y afirman que recibió esta piedra del ángel Gabriel. No es un objeto de adoración (los

Antes del islam, los pueblos de Arabia eran politeístas y utilizaban la Kaaba para adorar a sus numerosos dioses. Esta es la Sagrada Trinidad de Palmira, formada por el dios lunar, el dios solar y el dios supremo, siglo I. Museo del Louvre, París.

musulmanes, como los judíos, adoran exclusivamente a Dios) ni se le atribuye valor sobrenatural alguno, pero cuentan que Mahoma la besó, aunque apostillando «no me olvido de que eres una piedra, por lo cual, no puedes hacer ni el bien ni el mal», y, puesto que el Profeta la besó, también muchos musulmanes la besan.

Pero la Kaaba fue al principio un templo pagano que alojó, junto con la Piedra Negra, la figura del patriarca, más las de las sublimes diosas a que alude el Corán y otras muchas divinidades árabes. Mahoma tuvo que luchar contra el politeísmo y la idolatría, como, según la tradición judía, tuvo que hacerlo Moisés.

La ciudad de La Meca, que hoy aloja la Kaaba y es centro mundial de peregrinación musulmana, fue construida en el siglo V, pero el valle en que se asienta, el valle de la Meca, fue frecuentado durante siglos por numerosas tribus que se agrupaban en torno a la Kaaba y sus líderes se enorgullecían de reclamar la custodia y administración del templo, que pasaba de una tribu a otra.

Como la Kaaba fue, desde el principio, alojamiento de dioses paganos, hay quien afirma que Mahoma tuvo la intención de destruir el santuario, pero optó por respetar tan importante lugar, sagrado para todas las tribus árabes, y prefirió atribuir su construcción a los patriarcas. Por eso, el versículo 98 del Corán señala que Dios estableció la Kaaba como refugio de todos los hombres y el versículo 11 afirma que Abraham e Ismael pusieron sus cimientos.

EL SAGRADO CORÁN

No obstante la presencia de numerosas deidades en torno a la Kaaba, llegó un tiempo en que el mundo árabe precisó un soplo de espiritualidad y un impulso certero que redirigiera sus pasos por el buen camino,

Mahoma coloca la Piedra Negra en la Kaaba. El Profeta colocó la Piedra Negra sobre una alfombra, en el ángulo oriental de la Kaaba, para terminar con la disputa existente acerca de qué tribu debía colocarla en el santuario. Esta ilustración de 1315 se conserva en la Biblioteca de la Universidad de Edimburgo.

porque la codicia, la inmoralidad y la insensibilidad se habían adueñado de él. Los dioses paganos, las piedras, los astros y los espíritus habían relegado a Alá, el dios supremo, a un rincón del Olimpo y la ciudad de La Meca, rica y próspera, estaba gobernada por una clase clerical ávida y codiciosa que ejercía un poder tiránico y sanguinario y gozaba de los mayores privilegios, habiendo desterrado a los pobres y a los humildes a los barrios periféricos desolados y miserables. Para colmo, la peregrinación se había convertido en un negocio.

En semejante caldo de cultivo surgió la figura de Mahoma, que nació huérfano y pobre, con una mancha blanca ovalada entre sus omóplatos como una señal mística que los adivinos árabes, los rabinos judíos y los monjes cristianos trataron de interpretar cuando su ama de cría, Halima, le alimentaba en la ciudad de La Meca porque su madre, exhausta y enferma, nunca tuvo leche para amamantarle.

Recogido por su tío Abu Taleb tras la temprana muerte de su madre, Mahoma creció entre la virtud y la estima de su familia. Muy joven, se casó con su prima Jadicha, que ya era viuda y madre y quince años mayor que él, y en la que Mahoma encontró sensatez, afecto y nobleza de carácter. Jadicha fue el puntal del Profeta en su lucha contra la incredulidad, la idolatría y el menosprecio de las gentes cuando Mahoma sintió la llamada divina para reconducir al mundo árabe hacia la santidad y el amor, porque ella siempre mantuvo la confianza en la misión de su esposo.

El Corán es el libro sagrado en el que Mahoma recogió los deberes que el hombre tiene para con Dios. El islam es la religión que Mahoma fundó para el mundo árabe y que implica la sumisión al Todopoderoso y la entrega de toda la actividad humana a las reglas inexorables de la divinidad. El islam surgió como una religión y una cultura que pronto se convirtieron en un sistema económico, social y político del que surgió un Estado que hizo del Corán su Constitución. Acabó con la diferencia de clases absorbiendo individualidades y distinciones para formar una sociedad igualitaria y protectora que aplica la igualdad rasa de los beduinos, una sociedad cuyo cincuenta por ciento, las mujeres, se mantienen en una infancia eterna y cuyo restante cincuenta por ciento disfruta de todos los privilegios, pero también carga con todas las responsabilidades sobre sus espaldas.

La parte más antigua del Corán es una prosa rimada con imágenes vívidas y persuasivas que describe las visiones del Profeta repletas de colorido, como el Juicio

El Corán es el libro sagrado de los musulmanes y se convirtió en la Constitución del Estado islámico. Página de un Corán andalusí.

Final o los milagros de la Naturaleza que demuestran la existencia y la acción de Dios. Hay otra parte narrativa que relata la lucha de Mahoma contra los incrédulos, su cólera implacable contra los que rechazaron su prédica y su anuncio de felicidad eterna para los que le creyeron y le siguieron, los que formaron el partido de Dios, *hezbolá,* y lucharon contra los escépticos. Hay también una parte legislativa con textos directos y precisos, exentos de poesía o rima, que regulan el comportamiento familiar y social y marcan el código a aplicar para resolver los problemas, señalan las penas para las transgresiones y exhortan a la virtud.

El Corán habla de caridad, de compasión y de amor. Rechaza la usura, el robo y el asesinato. No invita al ascetismo ni a las privaciones, sino a gozar de la vida y a dar por ello gracias a Dios. No habla de perseguir creencias religiosas ni de imponer la religión a otros, sino que permite la libertad de culto. Únicamente reclama el castigo para los árabes que no abandonen el paganismo y rehúsen convertirse, porque el islam es para los árabes, para su mundo y para su cultura. La *yihad* es, por tanto, la capacidad para luchar en nombre de Alá contra los que no aceptan su mensaje, su mensaje árabe transmitido en lengua árabe, porque el islam es la cultura de los árabes, aunque no sean musulmanes.

Los pilares del islam

Los pilares del islam son cinco:

1. El compromiso. No hay más dios que Dios y Mahoma es su profeta.
2. El ayuno en el mes sagrado del Ramadán.
3. La limosna a los pobres.
4. La oración cinco veces al día.
5. La peregrinación a la Meca una vez en la vida.

La Hégira

Pero el culto a los dioses adorados en la Kaaba estaba demasiado arraigado en la gente y las ganancias que las peregrinaciones y ceremonias religiosas reportaban a los líderes de La Meca eran demasiado sustanciosas para dejarlas de lado y escuchar la prédica de un visionario que había recibido un mensaje ultraterreno y había entrevisto al mensajero a través de las veladuras de su propio misticismo.

Siglos atrás, el *Evangelio* había ya advertido de que nadie es profeta en su tierra y así le sucedió a Mahoma. Temiendo el final de la opulenta vida económica de La Meca, sus dirigentes presentaron una oposición tan ruda y poderosa a las propuestas religiosas de Mahoma que se desencadenó una fuerte persecución, lo que le obligó a exiliarse de su tierra natal para buscar refugio en la ciudad que desde entonces se llama Medinat al-Nabi, la ciudad del Profeta, y que conocemos como Medina. Este hecho sucedió en el año 622 y marcó el inicio del calendario musulmán. El año 622 de la era cristiana es el año de la huida de Mahoma, de la «Hégira» musulmana.

A diferencia de lo que le sucedió en La Meca, Mahoma fue recibido en Medina como enviado de Dios a quien todos deseaban alojar y a quien todos escuchaban con devoción y respeto. Pero él rehusó alojarse en casa de ricos y eligió el patio donde ponían a secar los dátiles unos jóvenes huérfanos, manifestando que «el hombre debe estar donde estén su camello y su montura».

Con los diez dinares que le prestó su suegro, Mahoma adquirió la humilde vivienda de los huérfanos y la convirtió en casa de oración. Erigidas junto a ella, las casas de ladrillo de sus esposas daban al patio y se cerraban con cortinas. Los viernes, el Profeta aparecía en una de aquellas puertas, se alzaba sobre un escabel de dos peldaños y desde allí dirigía los rezos de sus seguidores, que eran cada vez más numerosos. Al principio, las oraciones se pronunciaban mirando hacia Jerusalén, la ciudad santa que aloja el monte Moria, donde el ángel de Alá detuvo la mano de Abraham, que obediente se disponía a sacrificar a su primogénito Ismael. Pero Mahoma tuvo una nueva revelación que desde entonces dirigiría los rostros de los orantes hacia La Meca, porque el Altísimo le señaló esa ciudad como el lugar más sagrado: «Volved vuestra faz hacia el Lugar Santo, donde quiera que os encontréis».

Con el tiempo, la casa de Mahoma se fue convirtiendo en casa de oración con pórtico para alojar a pobres y peregrinos. Fue la primera mezquita «fundada en piedad», porque la palabra «mezquita» significa precisamente 'casa de oración' y la Kaaba era más un lugar de ceremonias que de oraciones.

El Corán reprueba las imágenes y los ídolos, aunque su condena resulta pequeña al lado de la condena bíblica. La *Biblia* abomina de las imágenes porque ya dijo Isaías que no se puede asar la comida con un leño y adorar el resto del leño convertido en estatua; el segundo mandamiento de la Ley de Dios prohíbe representar cosa alguna que esté en el cielo ni en la Tierra ni en las aguas[1]. La tradición musulmana asegura que, el día del juicio, los que pecan pintando seres animados serán castigados a infundir un alma a sus imágenes.

Es muy probable que el rechazo a las imágenes fuera fruto de la prevención para evitar que los creyentes volvieran a la idolatría y concedieran a las estatuas la veneración que solamente deberían reservar para la deidad. Recordemos que tanto Moisés como Mahoma tuvieron que luchar contra el paganismo, el politeísmo y la idolatría. De hecho, las ilustraciones de los libros musulmanes en que aparece Mahoma lo representan sin rostro o bien representan su rostro mediante una llama.

---

[1] «No harás imagen ni semejanza de cosa alguna que esté en el cielo ni en la tierra ni en las aguas, ni te inclinarás ante ella, ni la honrarás» (*Éxodo* 20 y *Deuteronomio* 5). El cristianismo lo cambió por «No jurarás su santo nombre en vano».

Mahoma (la figura sin rostro) entrando en la Kaaba para exterminar al dragón. Miniatura otomana de Siyer-i Nebi, siglo XVI. Museo Topkapi, Estambul. Imagen de Nakkas Osman.

Invítales a abrazar el islam

El islam se expandió merced a su tradición beduina, que le confirió la capacidad para negociar acuerdos de protección a cambio de tributos. Además, árabe es sinónimo de nómada, y a un nómada tanto le da instalarse en un lugar o en otro porque su instalación es temporal y lleva consigo cosas de poco peso y mucho valor con las que puede desplazarse rápidamente cuando las circunstancias lo requieren.

También contribuyó a esa rápida expansión la tolerancia del islam hacia las minorías religiosas, a las que convirtió en comunidades tributarias permitiendo sus cultos y ceremonias a cambio de un impuesto, igual que el sistema tributario permitió a los países ocupados mantener sus bienes y sus tierras. A esto hay que agregar la circunstancia que ha facilitado todas las invasiones del mundo y ha propiciado la caída de los imperios, el debilitamiento producido por largos enfrentamientos, querellas y escisiones. Todas estas circunstancias facilitaron la rápida expansión del islam, de manera que, al iniciarse el siglo VIII, Mesopotamia, Siria, Persia, Palestina y Egipto volvían su rostro hacia La Meca cinco veces al día para rezar.

Conviene saber que la tolerancia religiosa del islam se apoya en el Corán. El sura II, 57 dice: «no hagáis violencia a los hombres a causa de la fe»; el sura XXIX, 45 señala: «no disputéis con los judíos ni con los cristianos, sino en términos amistosos»; y el sura XLII, 14 añade «invítales a abrazar el islam… y diles que adoramos al mismo Dios».

En la época previa a la expansión del islam, dos imperios se repartían el poder: el Imperio persa y el Imperio romano, ya relegado a la parte oriental que conocemos como Imperio bizantino. Enfrascados en sus competiciones y querellas, ninguno de ellos prestó atención a Arabia ni la percibió como una amenaza. Los bizantinos se limitaron a construir una muralla defensiva, un *limes,* para aislar las fronteras sirias de posibles incursiones de los nómadas del desierto, pero no concentraron allí fuerzas militares, dado que los beduinos se limitaban a asaltar caravanas y nunca fueron considerados como un peligro para Roma. Lo mismo opinaron los persas, mucho más interesados en su lucha contra Bizancio.

Dos imperios agotados y proclives a la ruina que se vieron sorprendidos por un nuevo asaltante que luchaba con un arma desconocida: una nueva fe que no pretendía imponerse por la fuerza, sino intercambiar, exigiendo como botín la ciencia y el conocimiento y, como moneda de libertad, un tributo. Por todas estas causas, la difusión del islam fue no solamente fulminante, sino duradera, porque los imperios se derrumbaron a sus pies lienzo tras lienzo, como las fichas del dominó.

En sus invasiones, los musulmanes mantuvieron las tradiciones de los países invadidos, respetando sobre todo las religiones cristiana y judía, puesto que ambas proceden de la misma fuente en que bebió Mahoma, la *Biblia* o, como ellos la llaman, *El Libro*. Además, con su filosofía determinista, el Corán afirma que si Dios hubiera querido que todos los pueblos tuviesen las mismas creencias, hubiera creado un pueblo único y no una diversidad.

En el año 638, seis años después de la muerte del Profeta, el islam hacía ondear su bandera en Jerusalén, su segunda ciudad santa, ya no solamente sagrada por la escena bíblica de Abraham e Ismael en el monte Moria, sino porque, desde allí, Mahoma ascendió a los cielos en cuerpo y alma, a lomos de al-Barak, el caballo con rostro humano que lo transportó al Paraíso.

En conmemoración de tales hechos, el califa abd al-Malik construyó tiempo después en Jerusalén la famosa Mezquita de la Roca, una casa de oración que había de sobrepasar en belleza al templo del Santo Sepulcro que los cristianos ornamentaban y enriquecían constantemente con sus cuidados y sus donaciones. Al fin y al cabo, el Santo Sepulcro era un fraude, pues todos los árabes sabían que Jesús, el penúltimo profeta, no estaba enterrado allí, sino que había ascendido a los cielos y debía regresar, al igual que Mahoma, para morir definitivamente en la Tierra, por lo que tenía su tumba reservada en la mezquita de Medina, junto a la de Mahoma. Ya en el siglo IX, el quinto califa abasí, Harun al-Rashid, envió a Carlomagno las llaves del Santo Sepulcro como testimonio de respeto y amistad.

El siglo IX fue el de mayor esplendor de Persia y de Mesopotamia bajo el dominio árabe, pero el poder del califato se vio pronto minado por las revueltas de los soldados, las querellas religiosas y las rebeliones internas. Y sufrió en su carne el debilitamiento que, en la conquista de otros reinos, había sido su mayor recurso de fuerza y poder. El mismo siglo que vio su esplendor inició la fragmentación del imperio de las mil y una noches.

El reparto de la herencia del Profeta

Los enfrentamientos, querellas y escisiones del islam se iniciaron a la muerte de su fundador. Mahoma nunca pensó que tuviera que nombrar un sucesor, dada su calidad de mensajero de Dios, y murió en el año 632 sin dejar heredero que dirigiese la comunidad musulmana. Además, sus hijos varones fallecieron en edad temprana y nadie hubiera considerado a una de sus hijas heredera del poder místico del Profeta ni del Estado suprahumano que fundó.

A la muerte del Profeta, el islam ya se había convertido en un sistema político y la comunidad musulmana agrupada en torno a su figura mística había llegado a ser un Estado con una forma jurídica para regular al colectivo y un conjunto de normas para regular al individuo. Y había dado los primeros pasos para su expansión por Arabia, pero pronto surgieron las rivalidades entre la familia del Profeta y los miembros de la aristocracia de La Meca, que se suponían con derechos para liderar la comunidad político-religiosa, puesto que sus ancestros venían haciéndolo desde antes de que el propio Mahoma naciera.

Aquella vez, la disputa terminó bien. Resultó elegido Abu Bakr, suegro del Profeta, que recibió el título de sucesor del enviado de Dios, es decir, califa. Y fue Abu Bakr quien impuso el islam en toda Arabia, aglutinando a todos los pueblos y a todas las tribus árabes bajo una misma bandera y una misma fe; también fue él quien inició la expansión posterior por Siria, Mesopotamia, Persia y Egipto.

Abu Bakr murió en el 634, antes de la conquista de Jerusalén y de Damasco. Su muerte desencadenó una guerra civil, el primer enfrentamiento interno que inició la escisión del islam en facciones partidarias de distintos modos de sucesión. Los fatimíes, partidarios de Fátima, hija predilecta del Profeta, y los chiíes, partidarios de su esposo Alí, eligieron a este como sucesor de Abu Bakr, alegando que el califato está reservado a los familiares y descendientes de Mahoma. Alí era yerno, es decir, hijo político del Profeta. Pero los suníes, partidarios de Aixa, viuda de Mahoma, se pronunciaron por la transmisión del califato según la tradición, es decir, reservar la sucesión para los aristócratas de La Meca que, como dijimos, llevaban largo tiempo ostentando el poder místico de la ciudad santa. A estas facciones se enfrentaron más tarde los jariyíes, postulando que cualquier musulmán piadoso puede ostentar el título de califa.

A pesar de la elección oficial del yerno de Mahoma como siguiente califa, las facciones contrarias no acataron su autoridad y así empezó una guerra que el líder de Egipto supo detener a tiempo lanzando a sus soldados a la lucha con una hoja del Corán ensartada en la punta de cada lanza. Esta apelación medieval al juicio de Dios tuvo un éxito rotundo porque todos los combatientes depusieron inmediatamente las armas. Sin embargo, eso no impidió el asesinato de Alí en el año 661, tras lo cual, Muawiya, líder suní de Siria, perteneciente a la poderosa y aristocrática familia omeya[2] de La Meca, inició una nueva dinastía que estableció su capital en Damasco.

En el año 680, a la muerte de Muawiya, debía sucederle su hijo Yazid, pero los chiíes de la ciudad de Kufa no le aceptaron como sucesor del Profeta, porque, para ellos, el verdadero sucesor debía ser Hussein, hijo de Fátima y Alí y, por tanto, nieto carnal de Mahoma y heredero de Alí, que ya había alcanzado la aureola de la santidad.

Yazid consiguió aplastar la revuelta de los chiíes de Kufa y perdonó la vida a su oponente, Hussein, en consideración a que era nieto del Profeta. Hussein no aceptó el perdón ni la reconciliación que Yazid le ofreció y promovió un nuevo enfrentamiento que acabó con su vida y con la de sus parientes, pues todos ellos fueron sitiados y muertos por las tropas omeyas en la ciudad de Kerbala. Hussein fue, desde entonces, el mártir de los chiitas y su muerte se describe, con todo lujo de detalles, en la novela *La muerte de Hussein y la venganza de Mukhtar,* que Abu Michnaf escribió en el siglo VIII y que cuenta con la veneración chii, porque su trama describe el heroísmo del nieto del Profeta. En la segunda parte de la novela, Abu Michnaf describe la venganza que Ibrahim, general de Mukhtar, tomó para vengar la muerte del mártir,

---

[2] Españolización de los descendientes de Umayya ibn Abd Shams.

La muerte de Mahoma inició la división del islam en numerosas sectas encabezadas por partidarios de distintos sucesores del Profeta. Mezquita de Nayaf, en Irak, donde fue enterrado Alí, el yerno de Mahoma, elegido califa por los fatimíes. Imagen de Arlo K. Abrahamson.

sorprendiendo a Yazid y a sus soldados en una cacería. La novela habla de diez mil cabezas y ochenta mil orejas y narices cortadas, sobre las cuales los vengadores extendieron una alfombra para comer, beber y solazarse sin temor a los enemigos de Alá, del Profeta ni de su familia.

Literatura aparte, la historia dice que en el año 749, Abul Abbas as Saffah, descendiente de Abbas, tío del Profeta y patriarca de los Banu Haxim, cambió finalmente por guerra abierta la lucha clandestina que su familia mantenía contra los omeyas, a los que consideraban usurpadores del trono califal. Tras derrotarles en la batalla del Gran Zab, se hizo con el poder, iniciando la dinastía abasí que, después de asesinar a los omeyas durante un banquete traidor y matar al último de sus representantes, trasladó la capital a Bagdad.

Pero no toda la familia omeya pereció en aquella matanza. Uno de sus descendientes consiguió salvar la vida y huyó en una carrera desesperada hasta llegar al Magreb, donde los bereberes familiares de su madre, que de allí era oriunda, le dieron cobijo. Desde el norte de África, el joven omeya no tuvo demasiados problemas para alcanzar las costas españolas. Se llamaba Abderramán.

LAS SECTAS ISLÁMICAS

- Los chiíes o chiitas son seguidores de Alí, yerno de Mahoma, integristas partidarios de interpretar el Corán literalmente.

- Los suníes o sunitas son más flexibles en la interpretación coránica y reciben su nombre de la Sunna, una forma de vida descrita en los Hadices, colección de dichos y narraciones del Profeta.

- Los abasíes eran chiíes y descendientes de Abbas, el tío de Mahoma. Los omeyas eran suníes y descendientes de Muawiya, líder suní de Siria. Los partidarios de Alí, yerno de Mahoma, no llegaron al poder ni fundaron dinastía alguna.

- Los fatimíes eran chiíes y se decían descendientes de Fátima, la hija predilecta del Profeta. Su dinastía reinó en el Magreb entre los siglos X y XII, gobernando también Egipto y Siria. Fueron los fundadores de El Cairo.

- El sufismo fue un movimiento místico que surgió hacia el siglo IX entre los musulmanes que quisieron protestar contra el lujo y el poder que habían alcanzado los que se ufanaban de cumplir con la religión. Su nombre deriva del hábito de burda lana (suf) que vestían para exteriorizar su protesta, como hicieron los cristianos franciscanos siglos despúes. En oposición a las oraciones rituales, su elemento litúrgico era el recitado de los noventa y nueve nombres sagrados de Dios. Estas diferencias les costaron persecuciones y enfrentamientos en el siglo x, ya que muchos los acusaron de herejes.

- Los ismailíes surgieron en el siglo IX como secta chii seguidora del imán Ismail, que vivió en el siglo VIII. Creen en la llegada inminente del imán que restablecerá en la tierra el reino de los justos y castigará a los enemigos de Alí de forma ejemplar. Su líder es el aga khan.

- Los mariníes surgieron en Marruecos en el seno de la familia Marin, bereber, en el siglo XIII. En España se les conoció por «los benimerines», derivado de la españolización de su nombre familiar, los banu marin. Eran suníes y consideraban cismáticos a los almohades y almorávides.

LA GUERRA SANTA

«¡Oh, creyentes! ¡No seáis cobardes! Sois mejores que vuestros enemigos. Alá os ayudará en vuestros esfuerzos. Esta vida no es más que un juego». Dice el Corán que todos los varones deben ir a la guerra santa, menos los ciegos, los cojos y los enfermos. A los que se nieguen por cobardía o pereza, el demonio les procurará riquezas engañosas «pero no tendrán donde acogerse cuando el ángel de la muerte azote sus rostros». A los que mueran por la fe, les está reservado un jardín de las delicias con ríos de vino y miel, con huríes de ojos negros y pechos alabastrinos. A los que apostaten, les espera un infierno de ríos de fuego y plomo fundido.

El largo período de guerras santas que extendió el mundo musulmán por tres continentes se inició a la muerte de Mahoma. Este aseguró que Dios haría prevalecer el islam sobre las demás religiones, pero su intención de expansión no fue en absoluto política ni militar, sino religiosa. El dominio político no fue más que una condición indispensable para el mantenimiento del dominio místico. De hecho, Mahoma no exhortó a la lucha armada sino a «luchar por la causa de Alá con vuestros bienes y vuestras vidas» (Corán, 61, 11). Las instrucciones recibidas del ángel consistían en luchar con empeño para vencer a los incrédulos, pero sin citar el combate físico. Por tanto, la *yihad* no fue, al menos al principio, una guerra agresiva, aunque algunas interpretaciones posteriores modificaran el sentido de la orden divina, según la comprensión, la intención o el objetivo del intérprete. Lo mismo sucedió, como sabemos, con la expansión y consolidación del cristianismo.

A principios del siglo VIII, el imperio musulmán se extendía desde el Atlántico hasta el delta del Indo, un resultado muy alejado del movimiento de expansión que iniciara Mahoma. Igualmente alejada quedó la idea de la guerra santa, sobre todo cuando los juristas interpretaron la *yihad* como un método para defender el territorio islámico. La guerra santa se convirtió en un deber para cada individuo varón, pero un deber individual que solamente alcanzaba al conjunto de los musulmanes cuando el líder religioso lo proclamaba. Siguiendo esto, hay autores que opinan que la familia abasí no hizo más que cumplir con el mandato coránico cuando hizo asesinar a todos los miembros de la familia omeya, dado que estos últimos llevaban un siglo usurpando el lugar que no les correspondía y cometiendo una atroz injusticia contra dos santos, Alí, yerno del Profeta, y Abbas, su tío. Señalan estos autores que los abasíes estaban convencidos de que la masacre cometida no fue más que una pequeña reparación y una venganza en nombre de la familia de Mahoma.

Tan pronto se iniciaron las diferencias doctrinales y las disputas sucesorias entre los miembros de la comunidad islámica, el concepto de guerra santa comenzó a reflejar las situaciones conflictivas que se producían en las diferentes zonas que abarcaba el mundo musulmán. En las fronteras donde se producían enfrentamientos militares, la guerra santa se tenía por un servicio divino. En las áreas interiores sometidas por entero al islam, no se veía con buenos ojos la presencia de soldados mercenarios que ni siquiera profesaban la fe musulmana y cuyo único interés era el botín a obtener en la lucha. En cuanto a las guerras que se producían en los grandes centros islámicos, no podían considerarse santas porque los contendientes eran musulmanes y partidarios de las diferentes tendencias religiosas.

La guerra santa cristiana tuvo muchos puntos de similitud con la *yihad*. Los papas concedieron indulgencias[3] a los cristianos que combatieran contra el islam, tanto durante la reconquista de territorios en Hispania como en la recuperación de los Santos Lugares o territorios bizantinos ocupados por sarracenos. Y los intérpretes hicieron un uso bien diferente de la bendición de los líderes cristianos a la hora de enfrentarse a sus enemigos en religión. Las guerras santas cristianas incluyeron también misticismo, ferocidad y botín. Unos y otros lucharon para propagar su fe, para enriquecerse a costa del contrario y para conseguir bienes espirituales eternos, los unos, en el paraíso de las huríes, y los otros, en el paraíso de los ángeles.

BAGDAD, CIUDAD REDONDA Y CENTRO DEL MUNDO

La conspiración contra los omeyas se había iniciado en Persia, en la provincia de Korasán, nombre que significa

---

[3] Las indulgencias eran un documento extendido a nombre de quien lo mereciese, eximiéndole de varios miles de años de expiar en el Purgatorio culpas ya purificadas en la tierra. La indulgencia plenaria liberaba totalmente del Purgatorio.

'donde sale el Sol', en la cual Abul Abbas encontró el apoyo necesario en Abu Muslim, un joven de origen humilde partidario de los abasíes, que reunió a todos los seguidores de Alí, molestos por no tener en el trono califal a un descendiente del Profeta, y generó un movimiento que consiguió derrocar, en el 750, al último califa omeya, Marwan II, apodado «el Asno», el cual, derrotado en la batalla del Gran Zab, trató de huir a Egipto en busca de apoyo pero fue asesinado nada más entrar en el país, según parece, en la ciudad de Busiris.

Pero ni Abu Muslim ni los partidarios de Alí que habían apoyado su causa obtuvieron beneficio material alguno de la conspiración. Los partidarios de Alí, porque quien ascendió al trono califal no fue un descendiente del yerno de Mahoma, sino de su tío Abbas; por tanto, perteneciente a una facción contraria. En cuanto a Abu Muslim, se convirtió en una amenaza, real o imaginaria, para el califa al-Mansur, segundo de la nueva dinastía Abasí, que no tardó en hacerle asesinar.

Y, para evitar que algún representante de la familia omeya reclamara algún día sus derechos al trono, los abasíes invitaron a los miembros de la dinastía derrocada a una famosa cena en la ciudad palestina de Abu Futrus, donde les dieron muerte y de donde, como dijimos, solamente logró escapar el joven príncipe Abderramán. No faltan cronistas que refieren que, tras la matanza, vino la *damnatio memoriae,* es decir, la destrucción de tumbas y monumentos que recordaran a los gobernantes depuestos, una práctica muy utilizada durante siglos en todos los países y en todas las culturas para borrar la huella del enemigo derrotado, aun después de muerto.

Los abasíes se distinguieron bien pronto de sus antecesores omeyas. Si los califas omeyas habían sido jefes activos del islam, los califas abasíes se convirtieron en sumos pontífices y reyes por derecho divino. En Persia, adonde los omeyas habían llegado con las ideas igualitarias propias de los beduinos, los abasíes se dejaron cautivar por la tendencia de los persas a deificar a sus soberanos. Al fin y al cabo, los abasíes eran descendientes del enviado de Dios y gobernaban en su nombre un Estado teocrático fundado de forma sobrenatural. Ellos fueron también los que instauraron el visirato, dando poderes a un cortesano en quien descansar y en quien delegar una parte importante de los quehaceres del imperio. La palabra «visir» significa 'el que ayuda a llevar el peso' y la importancia de su función puede apreciarse leyendo las historias de *Las mil y una noches*. Pero la clase de los visires fue adquiriendo demasiada influencia y, con el tiempo, algunos sobrepasaron la línea de lo tolerable y fueron ejecutados.

Los califas abasíes se convirtieron en soberanos protectores y defensores de la fe, cuya autoridad, tutela y derecho nadie discutiría, al menos, durante algún tiempo. El contagio de la etiqueta persa se aprecia al cabo de los siglos por el rastro artístico que dejaron. Cuenta José Pijoán que el alcázar de Qusayr Amra, en Jordania, guarda la efigie de un príncipe pintado en su trono con una corona y ostentando un nimbo alrededor de la cabeza, semejante a las escenas de gala de la corte sasánida y, por cierto, similar a la aureola que los pintores cristianos ponen en torno a la cabeza de los santos.

Sin embargo, al inicio de su reinado, los abasíes no sintieron la llamada de la santidad. El primero de la dinastía que se instituyó como califa tras la aniquilación de los omeyas fue Abul Abbas as Saffah. Como no podía quedarse en Damasco porque la ciudad hervía de partidarios de los depuestos omeyas, As Saffah se instaló en Kufa, ciudad a orillas del Tigris en la actual Irak donde, casi un siglo atrás, vimos producirse una revuelta a favor de Hussein.

Pero Kufa, a pesar de ser chii y, por tanto, favorable a los abasíes, era un semillero de doctrinas exaltadas que ponían en peligro no sólo la unidad de la fe, sino la seguridad de los gobernantes. Abundaban allí los partidarios de Alí, yerno de Mahoma y esposo de Fátima, los cuales, en lugar de sentirse satisfechos al ver por fin sentado en el trono califal a un descendiente de la familia del Profeta, se vieron frustrados porque se consideraban con más derecho que los abasíes a la sucesión, dado que su líder espiritual, Alí, se había convertido al islam antes que Abbas, el tío de Mahoma, que era líder espiritual de los abasíes.

Sin embargo, el descontento de los partidarios de Alí no desembocó en una revuelta porque, siendo como eran proclives al misticismo, se conformaron con los hechos terrenales poniendo sus esperanzas en otros hechos más espirituales, es decir, centrando sus esperanzas en la pronta aparición de un enviado de Dios que crearía un imperio místico en nombre de Alí, quien tuvo el don de la infalibilidad y, además, estuvo exento de pecado.

De hecho, parece que Mahoma había profetizado la llegada de un imán, un enviado de Dios que establecería la justicia y la verdad, pero los seguidores de Alí no vieron al enviado en el nuevo califa, porque precisamente su nombre, as Saffah, significa 'el Sanguinario'.

El segundo califa abasí fue al-Mansur, cuyo nombre significa 'el Victorioso', aunque ese título no responde a sus méritos en la *yihad,* sino a una adjudicación gratuita, según apunta José Pijoán. No obstante, los chiíes terminaron por aceptar aquella dinastía, al fin y al cabo pariente de Mahoma, y no solamente los aceptaron, sino que llegaron a atribuir a al-Mansur poderes sobrenaturales propios de un descendiente del Profeta.

Pero al-Mansur no quería que le tratasen como a un enviado de Dios, sino como a un soberano. No quería adoración sino obediencia y, puesto que en aquel lugar siempre se vería acosado por adoradores o por enemigos surgidos de entre los numerosos iluminados que aparecían por doquier, decidió abandonar Kufa

Bagdad fue la ciudad más grande, poderosa e importante del mundo en los siglos VIII y IX. Pronto sería desbancada por Córdoba. Esta ilustración muestra Bagdad en 1258 y se guarda en la Biblioteca Nacional de Francia.

y llevar la capital del territorio del islam a otro lugar más adecuado. Elegido el enclave, mandó construir una ciudad de planta redonda, en cuyo centro se irguió una espléndida zona califal con palacios y mezquitas, más cuatro amplias calles repletas de bazares y tiendas que partían del centro de la ciudad. Le dio el nombre de Bagdad que, en persa, significa 'Dada por Dios'. En el 762, Bagdad se había convertido en la ciudad más rica, célebre y grandiosa del mundo, llegando a eclipsar su brillo al de la propia Constantinopla.

Harun al-Rashid fue el califa sensual y sibarita cuya vida nocturna animó los cuentos de *Las mil y una noches;* las historias que Sherezade contó en persa a su misógino marido, el rey Scharriar, no tienen por sede Ispahán ni Persépolis, sino Bagdad, la Bagdad que albergó la cultura, el lujo y las artes durante la dinastía abasí y cuyas calles atestadas de zocos y bazares fueron escenario ideal para las correrías de los genios y ladronzuelos de los cuentos de Sherezade.

De Bagdad, precisamente, se contaba entonces una sorprendente historia acontecida a un médico persa que visitó la ciudad y que no se cansaba de repetirla a su regreso.

El califa al-Mutawakill le había recibido en su palacio en un día muy caluroso, como los que suelen darse en Mesopotamia. La sala en la que le recibió tenía el techo cubierto de alfombras de mimbre, pero lo que desconcertó al médico fue que el califa, lejos de vestir una fresca túnica blanca de tela, llevaba un caftán de seda gruesa y, sobre él, un abrigo. El asombro del visitante no tuvo límites cuando se acomodó en la estancia y sintió tanto frío que el califa se echó a reír al verle estremecerse y mandó que le trajesen un abrigo. Después, descorrió un tapiz que cubría la pared, donde había un hueco lleno de nieve que un criado empujaba hacia delante, mientras otro abanicaba para impulsar a la sala el aire frío. Un sistema de aire acondicionado rudimentario de hace más de doce siglos.

El islam frente al cristianismo

Para los cristianos bizantinos, el islam fue al principio una herejía a la que era preciso combatir. Pero, dados como eran a las especulaciones filosóficas y místicas, analizaron exhaustivamente las creencias de los árabes y finalmente comprendieron que su religión era incompatible con el misterio de la Santísima Trinidad, por lo que los eliminaron de la categoría de herejes y los clasificaron como paganos. Paganos a los que no había que combatir, sino convertir mediante exhortación y predicación.

Para los cristianos occidentales, el islam pudo ser una más de las muchas sectas, religiones y doctrinas que se profesaban en Europa, en un tiempo en que las invasiones y las conquistas eran continuas y cada pueblo aportaba sus creencias ancestrales al culto oficial del Imperio romano, que era el cristianismo. Fue un tiempo en que los bárbaros adoptaban masivamente la religión cristiana porque el bautismo les concedía el marchamo de la civilización romana, algo que todos anhelaban. Pero el bautismo no siempre suponía la renuncia a sus dioses y a sus creencias, sino que ambos cultos se solapaban, como en muchos lugares de América Latina se compagina la liturgia cristiana con la santería. Los francos, por ejemplo, asistían a misa y comulgaban, pero no renunciaban a su particular eucaristía del caldo de caballo.

EL ÁLGEBRA Y LOS ALGORITMOS

El califa al-Mansur, como ya se vio, había fundado la ciudad de Bagdad en el año 762 y había erigido allí escuelas de Medicina, Astronomía y Jurisprudencia, pero fue su nieto, el califa de *Las mil y una noches*, Harun al-Rashid, quien mandó agregar una escuela a cada mezquita. Así nacieron las madrazas, adosadas a las mezquitas como las escuelas cristianas nacieron adosadas a las catedrales o a los monasterios. Y fue también Harun al-Rashid quien puso a un hereje cristiano, el nestoriano Juan Marue, al frente de las bibliotecas públicas de Bagdad.

Fue asimismo Harun al-Rashid quien hizo venir a Bagdad, desde la India, a un célebre astrónomo para que ayudase a los sabios mahometanos a traducir y a entender algunas tablas matemáticas indias empleadas en cálculos algebraicos y obras de ingeniería. Aquella visita introdujo en el mundo árabe la simbología de los números y

Harun al-Rashid, el califa de *Las mil y una noches,* mantuvo
excelentes relaciones con el reino carolingio.

Aquí aparece recibiendo en su palacio de Bagdad a una legación de Carlomagno. Pintado por Julius Köckert, se encuentra en la Fundación Maximiliano de Múnich.

desde entonces se escribieron en la corte de los abasíes las cifras que hoy llamamos árabes pero cuyo origen es indio, los signos 1, 2, 3, 4, 5, 6, 7, 8, 9, 0.

Sin embargo, hubieron de pasar algunos siglos hasta que los conocimientos matemáticos y astronómicos de los árabes llegasen al mundo cristiano, que siguió utilizando la numeración romana y el sistema duodecimal hasta el Renacimiento. En el siglo IX, el matemático persa al-Khowarizmi (latinizado como Algoritmus) publicó una obra matemática a la que dio el nombre de *al-Jabr,* que, al igual que el nombre de su autor, se latinizó y terminó convirtiéndose en *Álgebra.*

Ya en el siglo XII, la obra de los matemáticos musulmanes llegó a manos de Leonardo de Pisa, más conocido como Fibonacci por ser hijo de Bonaccio, un próspero comerciante italiano. Los comerciantes eran entonces personas muy dinámicas que viajaban constantemente para colocar sus mercancías en otros países o bien para adquirir novedades exóticas que se venderían después en su país de origen. Bonaccio acostumbraba viajar por los países musulmanes y siempre llevaba consigo a su hijo Leonardo, que adquirió grandes conocimientos de matemáticas de los maestros egipcios o sirios.

Cuando Fibonacci conoció el sistema decimal y la numeración que empleaban los árabes, que son los mismos que utilizamos hoy, los quiso adoptar inmediatamente, desechando el sistema duodecimal y la numeración romana utilizados hasta entonces y que eran los únicos que se conocían en Europa. No hay más que probar a operar con números romanos para comprender el entusiasmo del joven.

Y para dar a conocer a todo el mundo las bondades del nuevo sistema, Fibonacci escribió un libro titulado *El libro del ábaco,* en el que explicaba la facilidad que supone operar con los guarismos árabes frente a la dificultad de hacerlo con los números romanos y el sistema duodecimal, aun cuando se utilizara para ello un ábaco. Aquello hizo surgir la querella de los abacistas, inmovilistas partidarios de dejar las cosas como estaban, contra los algoristas, partidarios de adoptar el método árabe que, además del sistema decimal, incluía el 0, una cifra inventada en la India que era totalmente desconocida en Europa. El debate se prolongó hasta el siglo XVI, en el que las universidades latinas empezaron a emplear los números árabes, el 0 y el sistema decimal.

MAHOMA FRENTE A ARISTÓTELES

Veinte siglos más tarde de la expulsión injusta de Agar e Ismael al desierto, los musulmanes, en su movimiento imparable de expansión, se encontraron con los científicos judíos de la diáspora, aquellos que partieron siglos atrás de su Palestina natal expulsados por Roma y que se habían establecido en Siria, en Egipto, en Persia y, sobre todo, en Mesopotamia. De ellos obtuvieron traducciones de los textos clásicos y, además, aprendieron mucho de su ciencia y de sus conocimientos de medicina.

Al principio de la expansión musulmana, las ciencias continuaron en manos de los persas, los griegos o los judíos, por lo que no fue preciso traducir los textos al árabe, un idioma que por entonces era muy concreto y limitado, como ya dijimos. Fue a partir del califato abasí, en el siglo VIII, cuando se empezaron a traducir textos, con lo que la lengua árabe evolucionó y se enriqueció para convertirse en vehículo de intercambio intelectual que permitió expandir la literatura, la poesía, el teatro y, por fin, la ciencia y la filosofía clásicas.

Se cuenta de al-Mamún, hijo de Harun al-Rashid, el cual sin duda heredó de su padre el amor a las ciencias, que habiendo vencido en batalla al emperador de Bizancio Miguel el Tartamudo, acordó con él uno de aquellos pactos que permitieron la expansión del islam intercambiando paz por tributos y que, en lugar de exigir oro, plata, joyas o territorios, le exigió la entrega de una colección de manuscritos de los maestros griegos más célebres.

En cuanto a los judíos, todas aquellas comunidades que se habían establecido en Europa y Asia empezaron a utilizar a partir de la expansión musulmana la lengua árabe para uso social y dejaron la hebrea para uso religioso, lo cual facilitó aún más la transmisión de conocimientos entre ambas culturas, dejando de lado, por fortuna, el pleito bíblico entre Ismael e Israel. Fue un tiempo de convivencia y relaciones distendidas entre cristianos, judíos y musulmanes, que practicaban separadamente sus respectivos cultos y se transmitían conocimientos. Sin embargo, no faltaron prejuicios y malentendidos fruto de la ignorancia y el fanatismo, siendo más acusadas las diferencias y, por tanto, las querellas en los núcleos urbanos que entre el mundo campesino, donde la simplicidad de la superstición llegó a aunar no pocas representaciones místicas y no pocos lugares de culto compartidos.

El encuentro con la ciencia de los clásicos inflamó a los árabes y estimuló su curiosidad y su ansia de saber. Sin embargo, al menos al principio, hubo fanáticos ignorantes que se opusieron estúpidamente a la luz de la ciencia y del progreso. Se cuenta que, cuando las tropas del califa Omar tomaron Egipto, la biblioteca de Alejandría conservaba aún numerosos libros que llamaron la atención del general que mandaba las tropas, Amru, el cual escribió al califa para rogarle que le permitiera guardar dichos libros.

Pero el califa Omar no había recibido la llamada de la ciencia y su curiosidad estaba petrificada por la religión. Por tanto, su respuesta fue un ejemplo de fanatismo: si los libros estaban conformes con el Corán, que es la palabra de Dios, no eran necesarios y, si no lo estaban, eran perniciosos. La orden fue, pues, destruirlos. Y dicen que durante seis largos meses ardieron los libros en los baños de Alejandría, utilizados como combustible para calentar el agua de los *hammanes*.

Afortunadamente, los árabes cultos como Amru hicieron crecer el interés por estudiar y aprender. El califa al-Mamún, por ejemplo, recibió el calificativo de «Califa Malvado» porque hizo traducir los escritos de Aristóteles y otros griegos paganos, como Aristarco o Eratóstenes. Se le acusó de haber atacado la existencia del cielo y del infierno al asegurar que la Tierra era redonda y al pretender medir su tamaño.

Pero triunfó el conocimiento porque, igual que hicieron los cristianos tiempo después, los musulmanes tuvieron su etapa escolástica dedicada a adecuar el mundo clásico a la doctrina del Corán, para que nada se opusiese a la palabra de Dios.

El laúd de Sukayna

Sukayna bint Hussein fue la hija bienamada del segundo nieto del Profeta. Sangre de su sangre y, por tanto, una figura apreciada por los musulmanes. La *Enciclopedia islámica* dice que su verdadero nombre fue Umaima y que Sukayna es el nombre que le dieron los poetas.

Su corte de Damasco relumbró con el brillo de músicos y rapsodas y se conmovió especialmente con la voz del cantor Umar ben Alí Rabia, quien hizo traer de Persia un laúd. Y dicen que, cuando los musulmanes vieron por primera vez aquel instrumento, se escandalizaron ante su forma lasciva, pero nada pudieron hacer por impedir que el laúd desterrara de la sociedad al tamborín, el único instrumento musical permitido en las ceremonias religiosas.

En el siglo VII, en La Meca y en Medina, hubo mujeres, como Sukayna o la propia Aixa Bin Talha, la que fuera esposa preferida del Profeta, que consiguieron liberarse de la tiranía masculina por medio de la música y de la poesía. Entonces los cantantes de ambos sexos alcanzaron una importancia y una fama que bien puede equipararse a las de nuestras actuales estrellas.

Cuenta Theodore Zeldin que Sukayna decidió prescindir del velo y de la obediencia y que se rodeó de poetas y músicos, invitando a ricos y nobles a sus salones para degustar el vino prohibido por el Corán o el zumo fermentado, más discreto, y compartir veladas como aquellas que organizaron las hetairas de la Antigüedad.

Pronto surgieron detractores de la música y la poesía, sobre todo cuando era un hombre el que las ofrecía a las damas, como el famoso poeta y cantor que hemos mencionado anteriormente y que hizo nacer un proverbio que aconseja mantener a las mujeres lejos del canto, porque el canto es una incitación al adulterio.

Pero los maridos musulmanes, tan entretenidos como sus mujeres con aquellos juegos literarios y musicales, lejos de prohibir el canto y de vetar la entrada del laúd en sus salones, los facilitaron, sin temer la presencia de jóvenes y hermosos trovadores, de los que se comentaba que eran hijos ilegítimos de nobles personajes.

El poeta Ibn Muhriz no se conformó con tañer el laúd, sino que viajó a Persia y después a Siria a aprender otras formas musicales y trajo al mundo árabe los desconocidos sonidos de la música griega, algo insospechado y que generó en los espíritus sensibles la misma atracción que la literatura o el arte clásicos produjeron en los árabes cultos.

BELLAS FÁBULAS PARA CONTAR FEAS VERDADES

Un león atacó a dos bueyes, pero estos hicieron causa común y se defendieron de tal modo con sus cuernos que el león se vio obligado a abandonar la lucha, prometiendo no volver a atacarles aunque los encontrara solos. Creyéronle los bueyes y se separaron y entonces fue cuando el león pudo cobrarse una presa tras otra, abalanzándose primero sobre uno de los bueyes y después sobre el segundo.

Esta fábula atribuida a Lokman el Sabio, de la tribu de Ad, enseña a quien quiera aprender que dos naciones unidas frente a un enemigo común pueden llegar a vencerle, pero que separadas son presa fácil, y podría explicar el final del poderoso imperio de las mil y una noches, dividido en facciones incapaces de enfrentarse unidas a un agresor.

Los árabes necesitan llenar su vida de relatos y de historias y crean cuentos para todas las situaciones de la vida y de la muerte, para el júbilo, la tristeza, el amor, el odio, la salud, la enfermedad, la paz y la guerra. Sólo así se entiende el triunfo de Sherezade sobre la perversidad neurótica del rey Scharriar, que abandonó su juramento de venganza y prejuicio fascinado por las historias de la narradora. Y es que, como dice Lewis Spence, para los árabes, la palabra es una joya y la poesía es más preciosa que las sedas de Damasco o las gemas de Samarcanda.

Siguiendo el relato del león y los bueyes, las divisiones causaron la disgregación del imperio que, en el siglo x, vio a tres califas repartirse el universo islámico: los omeyas, instalados en Córdoba, los fatimíes, instalados en Egipto, y los abasíes, en Bagdad. Veremos también desintegrarse y desaparecer el reino paradisíaco de al-Ándalus porque sus conquistadores, lejos de olvidar y dejar atrás antiguas desavenencias, las llevaron consigo a

Los árabes utilizan el relato y la fábula para narrar la
historia.

El ciego Meddah cantando la epopeya del Profeta, pintado por
Étienne Dinet. Museo Nasreddine, Argelia.

la nueva tierra. El islam había unido a los pueblos árabes en una única religión, pero no consiguió acabar con sus diferencias ancestrales y todos trasladaron sus odios nacionales y familiares al nuevo territorio. Hemos dicho que los árabes conservan su genealogía e incluso la de su caballo. Y la llevaron consigo cuando emprendieron la hazaña de expandir su religión por el mundo. Una genealogía que incluía rasgos diferenciadores de otras genealogías, odios, amores, resquemores, venganzas y alianzas.

2

La isla de los Vándalos

En el año 632, el califa Omar había desistido de conquistar el norte de África porque conocía la perfidia de los bereberes, que pagaban tributos al emperador bizantino y le engañaban en el pago. Más tarde, los bereberes comenzaron a pagar tributos al rey visigodo de Hispania y entonces era él quien los engañaba. Pero el fervor de los ejércitos del islam era incontenible y en el año 666 ya se fundaba en Túnez la ciudad santa de Kairouán. La fundó Sidi Okba, que había sido compañero del Profeta y que, por su gracia, expulsó del lugar a las serpientes y escorpiones que lo envenenaban y recibió visiones angélicas que le instruyeron para mandar construir la mezquita omeya de Kairouán, nombre que significa 'caravana'.

El moro Muza

> Vele, vele el moro Muza, el moro Muza afamado,
> caballero en una yegua, y su cuerpo bien armado.

Del romance de don Manuel y el moro Muza

El moro Muza es un personaje relevante en la historia de España, frecuente en los romanceros, en los cantarcillos y en los juegos infantiles. Su importancia procede de su papel en la conquista de la Hispania visigoda para el islam, cuando era gobernador de Ifrikiya, la provincia musulmana del norte de África.

Los primeros períodos de la expansión árabe fueron rápidos, como dijimos, pero, a la hora de lanzarse a la conquista del norte de África, el proceso se lentificó, principalmente porque ya apenas quedaban árabes que se pusieran al frente de los ejércitos musulmanes y fue necesario recurrir a huestes de fe precaria, cuando no directamente a mercenarios.

Para llegar a fundar la ciudad santa de Kairouán, Sidi Okba tuvo que enfrentarse a los bereberes, que poblaban el Magreb y profesaban la religión judaica. Valiéndose de ese don de la palabra que ya hemos elogiado en los árabes, Okba logró convertir al islam al jefe de la tribu jetava, Kussaila, y conseguir su apoyo para lanzarse a la conquista del norte de África. Pero la nueva fe de Kussaila no duró demasiado y Okba no tardó en caer en una emboscada que el neófito le tendió cuando las tropas árabes regresaban de su primer intento de apoderarse de las dos ciudades que representaban la defensa del territorio visigodo, Tánger y Ceuta.

Ceuta había sido tributaria de Bizancio pero, a la sazón, lo era de Hispania y su gobernador, el conde don Julián, manejaba la defensa con tal éxito que Okba tuvo que renunciar a atravesar el Estrecho.

La Kahina fue una temible reina guerrera bereber que tuvo en jaque a las tropas del califa de Damasco. Su estatua se puede ver en Khenchela, Argelia.

Muerto Okba, el califa de Damasco envió a un nuevo emir, Hassán, a conquistar el norte de África. Hassán no tardó en apoderarse de la antigua Cartago, en la actual República Tunecina, pero cuando quiso atravesar la frontera de Tingitania para tomar las actuales Mauritania y Marruecos tropezó con la oposición más temible que hubiera podido imaginar, no solamente por la fuerza y organización del ejército bereber al que tuvo que enfrentarse, sino por la fama de su capitana, una mujer bereber de la tribu jetava llamada Dhabba, a quien los árabes llamaron la Kahina, 'la hechicera', por su capacidad para prever situaciones y conocer el futuro merced a sus dones sobrenaturales.

En su *Historia de Marruecos,* Antonio Cánovas del Castillo cuenta que la Kahina hizo retroceder a Hassán hasta la frontera egipcia, aunque el emir volvió más tarde con tropas de refuerzo y consiguió derrotarla. Obligada a elegir entre la conversión y la muerte, dicen que la cabeza de la Kahina fue enviada a Damasco como trofeo de guerra y que su derrota abrió a Hassán el camino hacia Mauritania y Marruecos.

En el año 704, la provincia de Ifrikiya, en el norte de África, estaba al mando de un nuevo emir, Muza ibn Nusair, a quien la historia de España conocería como «el moro Muza». Con la ayuda de las tribus bereberes, unas convertidas al islam, otras a medio convertir y otras mercenarias, Muza conquistó el Magreb y estableció su cuartel general en Tánger, tras arrebatar esta ciudad al reino visigodo.

LOS MOROS Y LOS BEREBERES

La palabra moro significa 'negro, oscuro', y fue el nombre que dieron primero los griegos y luego los romanos a los habitantes del norte de África, debido al color de su piel. Más tarde, el nombre se propagó a todos los habitantes de la zona, fuera cual fuera su color de piel, porque allí habitaron bereberes, bizantinos, romanos, vándalos, árabes y negros africanos. Las historias de España y Francia llaman moros a los musulmanes que invadieron la península y parte de Francia en el siglo VIII.

Los bereberes o beréberes, habitantes de Berbería, eran de raza blanca y llegaron al norte de Marruecos procedentes de Europa. Se mezclaron con los habitantes anteriores y su piel se oscureció hasta alcanzar el color por el que los romanos los denominaron «moros». (Fuente: Ricardo Beltrán, *Boletín de la Real Academia de la Historia,* 14 de abril de 1906).

En el año 710, a la muerte del rey godo Witiza, la costa africana del Mediterráneo concentraba un nutrido ejército de árabes, sirios y bereberes. Unos, llegados de su Arabia natal para escapar de alguna situación incómoda social o política. Otros, arrastrados por un nuevo fervor religioso y dispuestos a propagar su fe. Y otros, indiferentes al islam y a su profeta, eran mercenarios, soldados de fortuna a la espera de participar de un fabuloso botín del que el mundo entero se hacía lenguas. El estrecho de Gibraltar no podría detenerles.

LA MESA DE SALOMÓN

Por los escritos de san Isidoro de Sevilla conocemos muchos detalles de la historia de los visigodos en la Hispania de los siglos V al VIII y por él sabemos que fue Toledo la capital religiosa y política del reino, donde se acumularon las inmensas riquezas que alcanzaron fama internacional en aquellos tiempos de barbarie y piratería. Antes, el centro de la vida política goda se había situado en Tolosa, pero la corte de Toledo resultó mucho más fastuosa porque se esmeró en imitar en todo lo posible a la corte bizantina de Constantinopla, considerada entonces el lugar en el que Dios compartía su morada con los hombres.

Hasta el siglo v, los visigodos habían mantenido su carácter de pueblo guerrero y los reyes vestían igual que sus súbditos, pero en el año 586 Leovigildo estrenó solio y vestiduras reales en su corte de Toledo, en un primer intento por emular al *basileus,* que se presentaba en su trono sagrado de Constantinopla entre velos y cánticos como vicario de Dios en la Tierra.

El ajuar personal de los reyes visigodos se enriqueció de tal manera que el tesoro real llegó a convertirse en el más importante de Occidente. El objeto más llamativo de aquella fabulosa fortuna fue, sin duda, la mesa de Salomón, una mesa destinada a las ofrendas de pan que el emperador Tito robó del Templo[4] cuando arrasó Jerusalén a raíz de las revueltas de los mesías judíos que proliferaron en los años de la dominación romana. Tito llevó la mesa a Roma y allí la encontraron los godos cuando tomaron la Urbe al mando de Alarico. De Roma llegó a Hispania en manos de Alarico II, que se refugió en la península huyendo de los francos.

La fabulosa mesa de Salomón tenía inscrito sobre su tabla un jeroglífico cuya resolución arrojaba el conocimiento del universo y la fórmula de la Creación, es decir, el nombre verdadero de Dios, que no puede pronunciarse salvo para crear. Esto, en cuanto a valor esotérico, místico y científico. En cuanto a valor material, la mesa tenía trescientos sesenta y cinco pies de esmeralda y estaba incrustada de piedras preciosas, oro y perlas.

---

[4] Los judíos tuvieron un único templo, el de Salomón en Jerusalén. Fuera de él, sus centros de culto fueron las sinagogas.

Uno de los atractivos de la conquista de Hispania fue la fama del inmenso tesoro que guardaban los visigodos. Una parte se encontró en Guarrazar, Toledo, ya en el siglo XIX.

Los tesoros acumulados por los godos incluían riquísimas coronas y joyas donadas a las iglesias, una moda que iniciaron los bizantinos y que, en su afán por imitarlos, continuaron los reyes bárbaros convertidos al cristianismo. Pero, si esto no era suficiente para atraer a los invasores, añádase la fama de que gozaba la Hispania medieval, alabada por vates y cantores por su clima privilegiado, sus aguas cristalinas, sus campos feraces y sus minas de plata y otros minerales preciados. Así lo cantó un poeta: «Ni la abrasa el sol violento de África ni la azotan los vientos de las Galias».

Un paraíso que no solamente despertó la codicia de los sarracenos del norte de África, sino que se les ofreció como el mejor camino hacia la universalización de su credo. Los otros posibles caminos de expansión eran el desierto y el océano Atlántico. No había duda. En el año 710, el emir de África del Norte, Muza, escribió al califa de Damasco pidiendo permiso para acometer la conquista de al-Ándalus, elogiando sus maravillas y, probablemente, dándole cuenta de la situación de desamparo en que se encontraba el reino de los godos.

Otros autores, como Pedro Voltes, afirman sin embargo que el califa prohibió a Muza adentrarse en el reino visigodo y le ordenó: «guárdate de arriesgar a los musulmanes en los peligros de un mar de violentas tempestades». Muza, no obstante, insistió en la conquista y, cuando él y Tarik hubieron de comparecer ante el califa para darle cuenta de sus hazañas, llevaron ante él el pleito que ambos mantenían por la propiedad de los tesoros encontrados. Y dicen que el pleito se resolvió a favor de Tarik cuando este, en un momento del litigio, extrajo de entre sus vestiduras una pata de la famosa mesa de Salomón.

Mucho hay de leyenda en la mesa de Salomón, pero mucho de verdad en el fabuloso tesoro de los reyes godos, que los invasores nunca localizaron o, al menos, no en su totalidad. Fuera como fuera la mesa deseada, lo cierto es que en tiempos de Felipe II todavía se continuaba buscando. En cuanto a los increíbles tesoros visigodos, sus dueños se cuidaron de ocultarlos celosamente a la llegada de las tropas árabes. Muchos de ellos se han encontrado cerca de ciudades cristianas como Oviedo o cerca de ciudades que en su día fueron musulmanas pero que se recuperaron antes de la marcha definitiva de los moros, como Toledo. El tesoro que se encontró en la huerta de Guarrazar, cerca de Toledo, ya en el siglo XIX, es una muestra.

La cuestión judía

Los judíos habían llegado a Hispania mucho antes que los godos, tras las expulsiones de que fueron objeto en tiempos de Tito, de Claudio y de Adriano, en represalia a las rebeliones encabezadas por los mesías judíos contra la opresión romana. En el siglo VII, la mayoría de los judíos habitantes en Hispania estaban bautizados. Eso significa que se sometieron al cristianismo por coacción y, naturalmente, que continuaron sus prácticas religiosas judías, lo que los hizo siempre sospechosos de judaizar.

Un concilio toledano tras otro sirvió a los reyes godos para emitir leyes restrictivas antijudías, prohibiendo los matrimonios mixtos y negándoles la capacidad para tener siervos, todo ello encaminado a evitar el proselitismo. Primero Recaredo y después Sisebuto decidieron preservar la unidad religiosa del reino, toda vez que la herejía arriana había sido oficialmente prohibida y el catolicismo proclamado religión exclusiva. Esa unidad suponía eliminar el judaísmo, conminando a los judíos a convertirse o a exiliarse. Convertidos por la fuerza, es lógico que los que decidieron quedarse en su tierra natal continuaran sus prácticas religiosas más o menos ocultamente y eso situó a los conversos bajo libertad vigilada. En tiempos de Recesvinto, las leyes no contemplaban a los hebreos no bautizados porque oficialmente no existían, pero los bautizados tenían obligación de conseguir certificados de buena conducta para poder ejercer el comercio exterior; es decir, debían obtener un documento del obispo local que asegurase su comportamiento cristiano intachable.

El celo y el fanatismo de Sisebuto, no obstante ser un rey ilustrado y culto, aparecen en las crónicas de la época que narran la concentración de las comunidades hebreas ante el palacio real en Toledo, suplicando entre sollozos la gracia para mantener su fe y sus propiedades. Inconmovible, el rey llegó a recibir a los representantes judíos, pero no modificó un ápice su decisión, dando lugar a la creación de aquella nueva clase de conversos judaizantes de los que san Isidoro de Sevilla comentó: «no son verdaderos cristianos ni del todo judíos, sino más bien peores que los judíos y que los malos cristianos».

Algunos autores han venido culpando a los judíos de Hispania de haber entrado en contacto con las poderosas familias bereberes de religión judía del otro lado del Estrecho y de propiciar con ello la entrada de los musulmanes en la península. Por un lado, no hay prueba alguna de la intervención de los judíos en la entrada de los musulmanes en Hispania y, por otro, existieron circunstancias históricas mucho más propicias para ello totalmente ajenas a la cuestión judía. Desecharemos, pues, este argumento y veremos otros de mayor peso.

La sociedad hispano-visigoda

Según se deduce por los escritos de san Isidoro de Sevilla y otros autores de la época, se calcula que los visigodos alcanzaron alrededor del cinco por ciento de la población de la Hispania romana entre los siglos v y viii. Hoy se calcula una cifra de doscientos mil visigodos frente a seis millones de hispanorromanos. Antes que ellos, los suevos y los vándalos habían invadido la península, pero los vándalos la abandonaron en el siglo v para establecerse en la actual República Tunecina, adonde llevaron las refinadas costumbres de Roma que todavía hoy se traslucen en los vestigios arqueológicos que allí dejaron. De su último reducto en tierras hispanas parece que deriva el nombre de «la isla de los Vándalos», *tamurt Vandalus,* que es como llamaban los bereberes a Hispania, nombre que los árabes tradujeron y al que agregaron el artículo «al», convirtiéndolo en al-Ándalus. En cuanto a los suevos, formaban parte del cinco por ciento anteriormente indicado.

La sociedad hispano-visigoda, como todas las sociedades medievales civilizadas, se componía de estratos, siendo el estamento más elevado el de los visigodos, que al fin y al cabo eran la clase dominante. Bajo el estrato de la clase alta, aristocrática, de la que también formaban parte los hispanos e hispanorromanos de sangre noble, había una clase de gentes semilibres que trabajaban por cuenta ajena, y, en lo más bajo, una clase formada por siervos y libertos que trabajaban la tierra de sus señores. Hay que hacer constar que, entre los siervos, se distinguía también una clase de trabajadores cualificados muy apreciados por los amos, pues incluía profesionales como maestros, artesanos o escribas. El pueblo, como en todas las sociedades medievales, estaba sujeto a tributos y era la clase que mantenía con su trabajo a las clases elevadas, se supone que a cambio de la justicia y protección que debía recibir del rey, de la nobleza y de la Iglesia. Además de estas clases laicas, hubo una clase eclesiástica de familias sacerdotales de la que formaron parte san Isidoro de Sevilla y su hermano san Leandro.

La cultura visigoda estuvo fuertemente impregnada de religión, aunque no solamente hubo estudiosos que se formaran en las escuelas episcopales o catedralicias, sino que también hubo maestros y pedagogos laicos encargados de enseñar las siete artes liberales[5] a los jóvenes y doncellas de la nobleza. Era costumbre que los aristócratas enviasen a sus hijos a la corte, donde debían ocuparse de funciones palatinas en servicio del rey y, con frecuencia, de la familia real y donde, a cambio, recibían la educación que les correspondía como pertenecientes a la clase noble.

---

[5] Las siete artes liberales estaban contenidas en dos compendios: el *Trivium* y el *Cuadrivium*. El primero incluía gramática, retórica y dialéctica. El segundo incluía aritmética, geometría, astronomía y música. Frente a estas artes liberales, propias de las clases libres, estaban las artes serviles, que incluían los oficios propios de las clases formadas por siervos y esclavos.

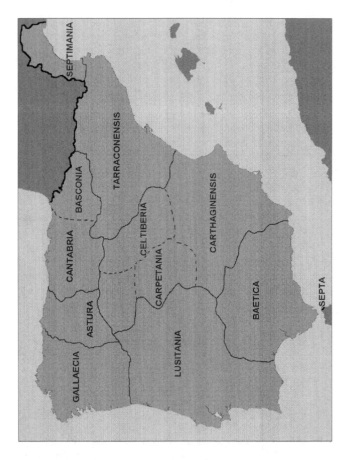

Así era la Hispania visigoda en el año 700, antes de la invasión de los musulmanes.

LOS WITIZANOS

La monarquía visigoda era electiva, es decir, el rey era elegido por aclamación de los nobles, como era la costumbre germana, y tenía necesariamente que ser de sangre visigoda. Ni que decir tiene que el hecho de elegir a los reyes era causa de frecuentes guerras civiles, pues no todas las facciones se mostraban dispuestas a aceptar al elegido. Esto, a pesar de la unción sacramental que recibía el monarca de manos del obispo y que, siguiendo las palabras con las que Isaías ungió al rey David, debían de librarle de ataques y enfrentamientos: «¡Quién osará tocar al ungido del Señor!».

A lo largo de la monarquía visigoda, el poder fue pasando de una familia poderosa a otra, sucediéndose unas a otras en el trono entre enfrentamientos y querellas. En los últimos tiempos, las dos familias que se disputaban el poder y el trono procedían respectivamente de Chindasvinto y de Wamba y así continuaron las cosas hasta la muerte de Witiza, en el año 710. Es aquí donde los diferentes autores discrepan en cuanto a la forma en que se produjo la sucesión al trono y en cuanto a lo que inició la división de la Hispania visigoda en dos bandos y la consiguiente guerra civil.

Lo cierto es que Witiza murió dejando tres hijos menores de edad, Olemundo, Agila y Ardabasto. Siguiendo la costumbre de los monarcas romanos, Witiza había asociado al trono a su hijo Agila desde el año 708, considerando, por tanto, que debía sucederle. Pero este tipo de sucesión por linaje no era una costumbre germana, sino romana, y por ello la asamblea que debía reunirse en Toledo para elegir al nuevo rey se dividió en dos facciones ante aquel trono vacío que tantos anhelos podía satisfacer. Una de las facciones, la de los partidarios de la nobleza, eligió como sucesor a Rodrigo, duque de Bética, de la estirpe del rey Ervigio. La otra, partidaria del linaje del rey muerto, eligió a Agila II, el hijo de Witiza asociado por este al trono, un rey niño, una causa romántica para sus defensores.

El reino visigodo ocupaba la mayor parte de la península ibérica más otras dos antiguas provincias romanas, la Galia Gótica, antigua provincia a la que los romanos llamaron Septimania Narbonense, situada entre los Pirineos y Marsella y con capital en Narbona, y la Mauritania Tingitana, con capital en Tánger (la antigua Tingi). Sabemos que Rodrigo fue rey de las regiones del sur con capital en Toledo, mientras que Agila II lo fue de las regiones del norte, la Tarraconense y la Narbonense.

Para unos autores, Rodrigo hizo cegar y encarcelar a Witiza para usurpar su trono. Para otros, Rodrigo fue elegido formalmente en asamblea, a la muerte de Witiza, y fueron los witizanos los que transgredieron las normas y no aceptaron la elección. Además, hemos visto que Rodrigo fue elegido a la manera germana, por aclamación, mientras que Agila II lo fue a la manera romano-bizantina, por linaje. Finalmente, hay autores que señalan que Rodrigo confiscó los bienes de los hijos de Witiza y los desterró de la península, y usurpó el trono a Agila II, que era el rey por derecho, según opinión de estos autores.

Lo cierto es que hubo contienda entre los dos bandos y que en ella intervinieron a favor de Agila II, en primer lugar, el obispo de Sevilla, don Oppas, hermano del fallecido rey Witiza y por tanto tío de Agila; en segundo lugar, intervino a favor de Agila el conde don Julián, a la sazón gobernador de Ceuta y pariente de Witiza.

Este famoso conde don Julián había defendido previamente las plazas de Tánger y Ceuta de los ataques de Muza, gobernador musulmán de África del Norte, aunque había tenido que cederle Tánger en el año 707.

Pero ya dijimos que los musulmanes eran grandes negociadores y la entrega de Tánger incluyó un pacto según el cual don Julián mantendría Ceuta durante toda su vida, aunque bajo la soberanía de Damasco y mediante el intercambio de rehenes, algo habitual en aquellos tiempos. Los rehenes eran a veces hijos de reyes o de altos mandatarios, lo que les confería un valor elevado, y siempre eran tratados a cuerpo de rey porque solían ser moneda de cambio, no de dinero, sino de paz o de amistad.

Agila, al parecer, pidió auxilio a don Julián cuando vio en peligro el trono heredado de su padre y este, con el beneplácito de Muza, acudió a la península, tomó parte en una escaramuza de la que resultó vencedor y regresó a Ceuta. Pero, cuando Agila y sus hermanos se vieron expoliados al confiscar don Rodrigo sus bienes, no se limitaron a clamar para pedir auxilio, sino que se presentaron en Ceuta, donde don Julián los llevó ante Tarik, el líder bereber que acaudillaba los ejércitos musulmanes como lugarteniente de Muza. Tarik, a su vez, los envió ante su jefe con una carta de recomendación y este, que tampoco quiso tomar directamente la decisión, los envió a Damasco, donde el califa debía decidir sobre sus derechos al trono de Toledo.

El califa aceptó ayudarles en la contienda siempre y cuando fuera Muza quien acaudillara los ejércitos y ellos se ocuparan de pagar todos los gastos de la expedición. Aceptadas las condiciones, Muza envió a Tarik a la península en julio del año 710 con un contingente de cuatrocientos hombres a pie y cien a caballo, todos ellos bereberes como su jefe. Pasaron el Estrecho, desembarcaron en Mellaria que desde entonces se llama Tarifa, saquearon la costa y se volvieron a África satisfechos de su hazaña, que resultó fácil y fructífera, al menos para ellos, porque la guerra civil no se detuvo aquí sino que continuó hasta la intervención de don Rodrigo en el 711.

De esta primera expedición da cuenta el historiador del siglo XIX Francisco Javier Simonet, que se apoya en crónicas y narraciones árabes y cristianas. Sin embargo, para otros autores, el viaje de los hijos de Witiza a Damasco tuvo lugar después de la invasión musulmana, cuando trataron de recuperar el trono de Toledo tras la muerte de don Rodrigo en el Guadalete.

En todo caso, esta primera expedición a la península dejó en el ánimo de los musulmanes la certeza de que podrían invadirla y conquistarla sin grandes dificultades y que solamente había que esperar el momento oportuno.

Florinda la maldita

> Yo soy Florinda la maldita, Florinda la Cava,
> hija impura del conde don Julián.
> Cuando supe que España era, por mi crimen,
> esclava de los hijos de Mahoma,
> una voz interior se alzó en lo más profundo de mi alma,
> mandándome venir,
> sin tregua ni descanso, a este lugar de mis culpas,
> a buscar mi honor perdido en el Tajo.
>
> *Romance de la Cava*

Hay una tercera versión del motivo de la invasión musulmana, legendaria por supuesto, que no podemos dejar de citar aquí.

En su *Estoria de los godos,* cuenta Alfonso X el Sabio que el demonio se apoderó del reino visigodo en tiempos del rey Witiza y que este, siguiendo los consejos del Maligno, mandó derribar los muros de todas las villas, salvo algunas, de manera que los habitantes de las ciudades no pudieran defenderse del ataque enemigo. Ataque que el mismo rey propició al mandar construir robustas armas de hierro para que cada uno cometiese las tropelías que le viniesen en gana. Y fue precisamente don Rodrigo quien, aconsejado por el conde don Julián, se ocupó de deshacer semejante entuerto, levantando los muros derribados y destruyendo las armas construidas. Y, para erradicar el mal, Rodrigo exilió a Witiza a la provincia de Córdoba y, quedando vacío el trono, fue elegido rey de Hispania.

Y ya siendo rey en Toledo, la corte de don Rodrigo se llenó de jóvenes aristócratas que, siguiendo la costumbre, acudieron a palacio a servir al rey y a educarse. Entre ellos se encontraba precisamente la hija del conde don Julián, rico hidalgo poseedor del castillo de Consuegra, señor de Algeciras, conde de Ceuta y, para más detalles, pariente del destronado Witiza. Pero don Rodrigo, lejos de agradecer los consejos de don Julián que le habían conducido al trono, se comportó de forma innoble pues, prendado de la hermosa hija del conde, envió al padre a Ceuta con una misión, para dejar libre el camino y conquistar a la bella Florinda, que así se llamaba la hija, aunque la historia la conoce por la Cava. Con una promesa de matrimonio que nunca se cumpliría, don Rodrigo sació su pasión por la hija de Conde, que se le entregó gustosa.

Enterado del hecho, el padre deshonrado recurrió a los musulmanes que se asentaban al otro lado del Estrecho, pidiendo su ayuda para lavar la mancha que el desagradecido rey había dejado caer sobre su familia. Así lo cuenta un romance que canta los amores de don Rodrigo y Florinda, recogido por Menéndez Pidal:

> Si me pides quién lo ha hecho
> yo muy bien te lo diría:
> ese conde don Julián
> por amores de su hija,
> porque se la deshonraste
> y más de ella no tenía.
> Juramento viene echando
> que te ha de costar la vida.

El castigo no se hizo esperar. Rodrigo murió en la batalla del Guadalete luchando contra los invasores musulmanes y su penitencia prosiguió después de su muerte y de su enterramiento, porque cuentan que una serpiente supo colarse en su ataúd para devorar su cadáver. Voces fantasmales que partían del sepulcro aterraban a las gentes con su cantinela lastimera: «ya me come, ya me come, por do más pecado había». Otros aseguran haber oído plañir una voz de ultratumba junto a las aguas del Tajo, donde la bella Florinda perdió la virginidad: «Yo soy Florinda la maldita, Florinda la Cava, hija impura del conde don Julián».

LA BATALLA DEL GUADALETE

No hubo una única circunstancia que motivara la invasión musulmana del reino visigodo, sino una conjunción. Para empezar, contamos con un pueblo visigodo heredero de un Imperio romano ya incapaz de darle la protección necesaria. Un pueblo que, ya en el siglo VII, veía con frecuencia sobrevolar las tétricas figuras de los cuatro jinetes del Apocalipsis. Varios años de sequía continuada acabaron con las cosechas y causaron una terrible hambruna en una población en la que pronto se cebó la peste. Una sucesión de monarcas débiles, minados por la codicia e incapaces de organizar un ejército, inútiles a la hora de defender el reino de ataques extranjeros, propiciaron la guerra civil y estos tres temibles jinetes apocalípticos llamaron a su lado al cuarto, la Muerte.

Recordemos a los godos deambulando hambrientos y desesperados por el Imperio romano cuando, en el siglo IV, se vieron abandonados por Roma y por sus aliados los hunos[6]. Desconocían el arte de la supervivencia, no sabían negociar ni comerciar, no sabían de

---

[6] Véase mi libro *Breve historia de Atila y los hunos,* de esta misma colección.

De esta manera se encontraba dividido el reino visigodo a la llegada de los musulmanes.

estrategia militar ni de organización de ejércitos ni de administración de reinos. Sumemos a todo esto un reino dividido en facciones y, lo que es peor, entendido como una propiedad privada, aderecémoslo con la traición y tendremos el caldo de cultivo favorable a la invasión y a la aniquilación.

Si los witizanos, justificando su acción con la leyenda de la Cava, recurrieron a la ayuda extranjera, recordemos también que esta ha sido la causa de la mayoría de las invasiones de la historia. Alguien descontento con su situación interna pide ayuda externa y abre la puerta a quien, en lugar de ayudarle, se apodera de todo cuando encuentra a su paso. A lo largo de esta historia encontraremos varios casos similares.

Sabemos que en el año 710, tras la muerte de Witiza y la elección de don Rodrigo como sucesor, don Julián se puso en contacto con Muza, en nombre de los witizanos, para llegar a un acuerdo beneficioso para todos. El historiador José Ignacio Lago asegura que el acuerdo no incluía la recuperación del trono de Toledo para los hijos de Witiza, sino únicamente la devolución de algunos inmuebles asociados a la corona y que pertenecían por derecho a Agila II. A cambio, Muza podría contar con un rico botín de guerra.

Esta forma de pagar con un botín de guerra era lo habitual en la Edad Media. Se requería la ayuda o el apoyo de un ejército mercenario y, en lugar de pagarle con bienes propios, se le aseguraba un botín capturado a terceros, lo cual resultaba muy conveniente para las partes contratantes, aunque desastroso para la hacienda del expoliado. Y este fue, según dice este autor, el motivo por el que los partidarios de Witiza no hicieron nada por expulsar a los invasores de la península una vez que ellos recuperaron sus propiedades.

Fueron siete mil los hombres, en su mayoría bereberes, que acudieron desde Tánger a la llamada de los tesoros largamente codiciados, a la caza y captura de un territorio próspero en el que asentarse y una tierra rica en minerales y cosechas. Siete mil hombres al mando del jefe bereber Tarik ibn Ziyab, reunidos en torno al peñón que desde entonces se llamó de Gibraltar, españolización de la expresión árabe Yabal Tarik, 'Monte de Tarik'.

Pero don Rodrigo no acudió inmediatamente al conocer la llegada de los musulmanes porque en aquellos momentos se encontraba sitiando el burgo de Iruña, hoy Pamplona, para ahogar un levantamiento de los vascones alborotados tras una incursión de los francos; envió a su sobrino Enneco, duque de Córdoba, que fue vencido y muerto por las tropas de Tarik.

Entró Tarik a saco en la provincia de Córdoba y, cuando supo que don Rodrigo venía a enfrentarse con él acompañado de un ejército numeroso, pidió refuerzos a Muza, que le envió cinco mil combatientes; sumados a los partidarios de Agila II, contaron alrededor de veinte mil hombres, muy poca cosa frente a los cien mil con los que contaba don Rodrigo.

Es posible que Tarik se asustara al conocer la cifra de soldados a los que tenía que enfrentarse, porque parece que solicitó más refuerzos con urgencia. Lo que el jefe bereber no sabía es que las tropas del rey visigodo carecían de preparación militar en su mayoría y que al mando del ala derecha del ejército venía un pariente de Agila, el duque Siseberto, más proclive a la traición que a la lucha contra el bando musulmán. Esto es, al menos, lo que cuenta el historiador Francisco Javier Simonet, que ya dijimos que se apoya en crónicas y narraciones tanto árabes como cristianas.

Este autor narra el desarrollo de la batalla del Guadalete de la forma que sigue, aunque muchos autores actuales coinciden en que no se conoce con certeza el lugar exacto en el que se dio la célebre batalla.

Al frente de sus respectivas huestes, Rodrigo descendió desde Córdoba y Tarik ascendió desde Algeciras para encontrarse ambos ejércitos a orillas de un río al que los romanos llamaron Barbate, 'río de los barbos', por abundar en él dichos peces. Dado que el río Barbate vertía sus aguas en la laguna de la Janda, los árabes le dieron el nombre de Uadi Lacca, que significa 'río del lago'. Españolizado, ese nombre se convirtió en Guadalete.

El encuentro tuvo ciertamente lugar entre Vejer de la Frontera, Medina Sidonia, Alcalá de los Gazules y la laguna de la Janda, entre el 10 y el 19 de julio del 711; allí, las tropas de Tarik vencieron al ejército de don Rodrigo, este perdió la vida y los godos iniciaron la pérdida de su esencia y de su cultura.

Cuentan que el rey godo acudió a la batalla vestido con ornamentos reales, rodeado de su guardia, arengando a sus huestes desde lo alto de su carro militar, muy al estilo de los germanos, adornado de oro y marfil y tirado por caballos blancos, los animales predilectos de Odín, el dios germano de la guerra. Y dicen que tras la arenga, que incluyó promesas de victoria, descendió de su carro y montó a caballo para colocarse delante de su ejército y de sus nobles y magnates.

Incluso los historiadores enemigos de los witizanos señalan que estos nunca creyeron que la intervención de los musulmanes conllevara la invasión de Hispania. Dicen que el mismo duque Siseberto, al ver que el ejército de Tarik era inferior en número al de don Rodrigo, temió que este ganara la batalla, lo que supondría un desastre para los witizanos y que, puesto que el pacto con Muza no incluía en modo alguno la invasión, se apresuró a cambiar de bando, pasando el octavo día de la batalla, con todo el flanco derecho del ejército, a las filas bereberes.

Desprotegido, el ejército de don Rodrigo no pudo evitar el impacto de las huestes de Tarik, que atacó por la derecha cortando la retirada. Y aquí termina la historia de don Rodrigo, del que, según dicen, no se volvió a saber ni apareció ni vivo ni muerto. Sus hombres, despavoridos, huyeron hacia Écija, donde los bereberes los alcanzaron en la Dehesa de Morejón, entre Sevilla y Cádiz, y donde parece que murió el traidor Siseberto. Tampoco hay vestigios de que don Rodrigo se encontrara en esta última batalla. Parece que únicamente apareció su caballo, muerto, cerca del río Guadalete.

La batalla del Guadalete señaló el futuro de la Hispania visigoda. Así representó Marcelino de Unceta a don Rodrigo en la Batalla del Guadalete. Museo de Zaragoza.

TARIK SE QUEDA

Con el camino libre, los bereberes prosiguieron su marcha hacia Toledo, donde los witizanos, según algunos autores, esperaban recibir el trono usurpado y desde donde habían desviado a Mérida a los partidarios de don Rodrigo. También esperaban que los moros se marchasen una vez recuperado el trono de Toledo.

En todo caso, no fue así. Tarik conocía sobradamente la debilidad del reino godo. No en vano había protagonizado otras incursiones tiempo atrás y aquella vez pudo comprobar que ni los partidarios de don Rodrigo tenían capacidad para reorganizar el ejército, ya que se dispersaron hacia el norte tras la derrota de Écija, ni los witizanos eran capaces de reunir al Senado que debía dar sus votos a Agila II para elevarle al trono de Toledo.

Mientras Agila trataba de recuperar a los miembros del Senado, dispersos tras la guerra civil, Tarik decidió quedarse, a pesar de tener órdenes de regresar al norte de África, aprovechando no solamente esa debilidad, sino las vacilaciones de la población que, casi sin darse cuenta, se fue sometiendo al avance musulmán.

En la primavera del año 712, llegó Muza con un refuerzo de dieciocho mil hombres dispuesto a finalizar la conquista. Rindió las ciudades de la Bética desde Algeciras hasta Sevilla, que era la segunda ciudad de la Hispania visigoda después de Toledo. Tomó Mérida, que era ciudad de la provincia Lusitana, y envió a sus hijos, jóvenes militares aguerridos y fogosos, a conquistar el sur y el levante, es decir, las provincias Bética y Cartaginense. Luego tomarían Faro y el Algarve portugués.

Su hijo Abdallah tomó Málaga aprovechando la irresponsabilidad de su gobernador, quien en lugar de ocuparse de defender su plaza se encontraba holgando en una villa de las afueras. Su otro hijo, Abd al-Aziz ibn Musa, conocido por Abdelaziz, tomó la provincia de Granada y de allí llegó a Orihuela, donde el duque visigodo Teodomiro consiguió resistir algún tiempo. En el 713 entregó la región que gobernaba tras firmar un pacto que permitió mantener una zona cristiana en la Cartaginense al mando de Muza y con capital en Orihuela. Este pacto, llamado Tratado de Teodomiro y Tratado de Orihuela, se ha tomado como modelo de las capitulaciones de la Hispania musulmana.

A todo esto, los witizanos seguían esperando recuperar Toledo y reunir al Senado para formalizar la elección de Agila II, una vez desaparecidos Rodrigo y sus seguidores, pero no contaban con que los musulmanes, al verles incapaces de reorganizar un ejército, pasarían de auxiliares a conquistadores y, en lugar de facilitarle el trono, lo que hicieron fue colocar en Toledo la bandera del califato. Parece ser que Muza escribió al califa señalando que la conquista del nuevo reino había sido «una anexión».

Mientras Mérida y Córdoba se hacían musulmanas, los nobles y los eclesiásticos visigodos se refugiaban en el norte de la península, pero sin capacidad para luchar ni para reorganizar su ejército disgregado. Perdida Toledo, Agila II se proclamó rey en la provincia Tarraconense, pero también sin poder militar alguno. La corona no le duró mucho tiempo.

Tarik y Muza se encontraron en una localidad que denominaron así, 'el Encuentro', en árabe al-Maraj y, castellanizada, Almaraz. Allí se iniciaron sus disputas por el poder porque cada uno de ellos se creyó con derecho al mando supremo de las tropas musulmanas en Hispania. Unidos a pesar de su querella, conquistaron Alcalá, Sigüenza y Zaragoza, donde Muza se estableció, y Tarik continuó su marcha victoriosa a Cataluña, donde el rey godo Agila, ya fallecido, había sido sucedido por Ardón. A la llegada de Tarik, Ardón tuvo que retirarse a Septimania, pero pronto la perdería también a manos de los hijos de Muza, que llegaron a conquistar Narbona y a sitiar Toulouse.

Entonces llegó el momento de rendir cuentas al califa y tanto Tarik como Muza hubieron de partir para Damasco, en el año 714, no sin antes dejar bien guarnecido de tropas todo el territorio conquistado, incluyendo el valle del Ebro hasta Vasconia y Galicia, donde entraron sin resistencia en Lugo, en Orense y en Astorga. Desde allí, Muza se desplazó a Sevilla para reunirse con Tarik y emprender ambos la marcha hacia Damasco, en cumplimiento de las órdenes califales.

Abdelaziz, hijo de Muza, quedó como virrey de Sevilla, entonces capital de al-Ándalus, en espera del regreso de su padre con nuevas órdenes. Pero la querella que los dos caudillos iniciaron tiempo atrás dio sus frutos perversos a su llegada a Damasco donde el califa, en vista de sus diferencias, les prohibió regresar a Hispania. Eso convirtió a Abdelaziz en emir de al-Ándalus, un título similar al de virrey. En pocos años, toda la península estaba bajo la bandera del islam, salvo Asturias, Cantabria y Vasconia. Tras Abdelaziz, su sucesor al-Hor (o al-Hurr) invadió la Galia Gótica iniciando el camino hacia la Francia merovingia, la fama de cuyos reyes, llamados «holgazanes» por la historia, puede que también hubiera llegado a sus oídos.

LAS LAMENTABLES APOSTASÍAS

Menéndez Pelayo, en su *Historia de los heterodoxos españoles,* afirma que «al contagio del habla debía seguir el de las costumbres y, a este, el de la religión, engendrando dudas y supersticiones cuando no lamentables apostasías».

Lo cierto es que, al poco tiempo de la entrada de los musulmanes, Hispania se había convertido al islam. Salvo algunas minorías que mantuvieron su fe judía y otras que se conservaron cristianas, la mayoría de los habitantes del reino visigodo abrazaron el islam y, además, los godos desaparecieron de la esfera social, porque empezaron por perder sus raíces y terminaron por olvidar su lengua.

Desaparecerían definitivamente ya en tiempos de Alfonso I, el rey cristiano que, entre los años 740 y 741, repobló con visigodos los territorios recuperados a los musulmanes en Galicia y Asturias. Aquello terminó por destruir las raíces de los godos que, mezclados con la población autóctona, llegaron a perder su idioma y sus tradiciones.

En el siglo VIII, Hispania era cristiana en su mayoría. Hay que señalar que la península estuvo islamizada, no arabizada, excepto en lo que concierne a la adopción de la lengua árabe, que fue penetrando poco a poco en la cultura. Es decir, los hispano-visigodos adoptaron en su mayor parte la religión musulmana, pero no sus costumbres ni sus tradiciones. Muchos de ellos ni siquiera conocían el Corán e ignoraban, por ejemplo, las prohibiciones de comer cerdo y beber vino. Y como muchos monasterios conservaron sus bodegas, no faltaban musulmanes españoles que acudieran a beber vino sin recatarse, hasta que los alfaquíes y los ulemas, doctores de la ley musulmana, se enteraron y protestaron ruidosamente por aquella transgresión. Sin embargo y por mucho que protestaran, es sabido que el vino corría generosamente en los banquetes de los emires y califas andalusíes en la época de los omeyas, flexibles, tolerantes y mundanos.

En cuanto a la religión, no olvidemos que los godos entraron en el cristianismo por la puerta falsa del arrianismo, una herejía que no aceptaba el dogma de la Santísima Trinidad. Esta creencia en un dios pluripersonal fue totalmente rechazada por judíos y musulmanes; precisamente, los intolerantes almohades acusaron a los cristianos de politeístas por admitir la Trinidad. Este y otros dogmas católicos resultaron sin duda muy complejos para los godos y otros bárbaros, como los francos o los lombardos, que prefirieron adherirse a doctrinas heréticas más comprensibles o más afines a sus creencias ancestrales.

Los godos se hicieron católicos en tiempos de Recaredo, en la frontera entre los siglos VI y VII y, por tanto, no había pasado tiempo suficiente para que el catolicismo y sus complejidades cuajaran profundamente entre los hispano-visigodos. Estaban, pues, aprendiendo

Una gran mayoría de hispano-visigodos se convirtieron al islam sin llegar a penetrar en sus tradiciones. Étienne Dinet, *Imán presidiendo la oración*. Museo Nasreddine Dinet, Bou-Sâada, Argelia.

el catolicismo cuando les llegó el islam, muy parecido a su antiguo arrianismo y, además, comportando prebendas y beneficios.

Otro tanto sucedió con los judíos, obligados por los cristianos a bautizarse pero sin creer en lo que para ellos es la mayor blasfemia, el hecho de que Dios pueda tener un hijo y, además, con una mujer mortal. En cuanto a los hispanorromanos, eran cristianos con reminiscencias de sus religiones ancestrales más las de sus sucesivos invasores celtas, fenicios, griegos, cartagineses, romanos y visigodos. El islam bien pudo ser una religión más, similar a la judía y a la cristianoarriana.

Los terratenientes debieron encontrar ventajosa la posibilidad de pactar con los invasores, que les ofrecían conservar sus tierras y no pagar impuestos a cambio de apostatar de sus respectivas religiones y aceptar el islam. Los campesinos, que debían tener enormes dudas y contradicciones entre tantas religiones, tantos dogmas y tantos cultos, encontraron también ventajoso escapar de la servidumbre a cambio de abrazar el islam. ¿Qué más les daba una religión que otra si seguramente no entendían ninguna de ellas?

Además, los siervos y los esclavos ganaron al cambiar de amo, porque la esclavitud en el islam no era larga ni dura, los que se convertían recibían la libertad rápidamente y los que insistían en mantener su fe la recibían asimismo, aunque al cabo de algunos años de trabajo.

Así, todo el sur de la península, donde se venía llevando a cabo la simbiosis entre las tradiciones hispanas, romanas y visigodas, incorporó la fe musulmana con excepción de las minorías mozárabes. El norte quedó como refugio de los godos y también de los vascos, cántabros y astures, que se venían enfrentando a todos los que intentaban arrebatarles su independencia. Allí persistieron, por tanto, las tradiciones visigodas y las de los pueblos autóctonos.

En cuanto a la Galia Gótica o Galia Narbonense, no parece que la ocupación dejara huellas culturales pues, aparte de algunas monedas y algún mihrab[7], apenas se han encontrado vestigios musulmanes y muchos autores coinciden en que la invasión fue solamente militar. La zona en la que el islam dejó su huella cultural se extendió al sur del Duero y del Llobregat, que es lo que se llamó al-Ándalus.

---

[7] El *mihrab* es un pequeño espacio con arco de medio punto que señala en las mezquitas la dirección en la que hay que rezar, La Meca. En al-Ándalus, estaban orientados al sudeste, menos el de la Mezquita de Córdoba, orientado al sur.

Mozárabes, mudéjares y muladíes

Los mozárabes fueron los cristianos que mantuvieron su religión en convivencia con los musulmanes. Al igual que los judíos, gozaron de protección legal para ejercer sus prácticas religiosas, pero se vieron obligados a pagar tributos y, en algunas épocas, hubieron de aceptar ciertas restricciones para algunos rituales. En todo caso, nunca se vieron obligados a abrazar el islam.

Los mudéjares fueron los musulmanes que mantuvieron su religión y sus tradiciones en los territorios conquistados por los cristianos. Se organizaron en comunidades llamadas aljamas o morerías y fueron profesionales célebres en la España cristiana, aunque finalmente sufrieron persecuciones y expulsiones cuando el cristianismo se fanatizó, de la misma forma que los mozárabes fueron perseguidos en los tiempos de exaltación islámica que siguieron a las invasiones almohades. En 1525 fueron forzados a bautizarse y dejaron de llamarse mudéjares para llamarse moriscos.

En cuanto a los muladíes, se da ese nombre a los cristianos que se convirtieron al islam y convivieron con los musulmanes y también a los hijos de matrimonios mixtos cristiano-musulmanes que adoptaron la religión musulmana. Los que se mantuvieron en el cristianismo llamaron también «renegados» a los convertidos al islam.

Al entrar en una ciudad, los caudillos musulmanes ofrecían a los habitantes la elección entre el islam o el tributo, es decir, conversión o capitulación. Hemos visto las ventajas que traía la elección del islam, veremos a continuación las condiciones de los tratados y capitulaciones, siguiendo el modelo ya citado del tratado entre el duque Teodomiro y Abdelaziz.

Resultaba muy distinto capitular que ser vencidos por las armas. Los primeros conservaban su religión y sus propiedades, pero los segundos perdían sus propiedades aunque podían conservar su religión mediante el pago de un tributo. En todo caso, conviene señalar que los que capitularon para mantener su religión y sus posesiones recibieron mejor trato que los vencidos por la fuerza, pero peor que los que se convirtieron, porque ya dice el Corán que Dios ha favorecido a su pueblo haciéndolo mejor que los demás.

DIMMÍ, ENEMIGO DE ALÁ, PAGA LA *CHIZIA*

Conocemos el contenido y la naturaleza de los tratados, así como lo relativo a la legislación musulmana en Hispania gracias a los escritos que dejaron los alfaquíes, jurisconsultos musulmanes. A esa legislación se la llamó «leyes de moros».

La ley coránica establece la *dimma,* que es la protección islámica a los conquistados que paguen el tributo correspondiente, quedando los *dimmíes* o tributarios amparados bajo el derecho musulmán. En Hispania, se aplicó la *dimma* a quienes no aceptaron abrazar el islam y prefirieron mantener su religión mediante el pago del tributo, como vimos que acordó el duque Teodomiro. La *chizia* era el tributo a pagar. Las cuotas se fijaban según los términos de la capitulación, en metálico o en especies, pagando las familias de clase media la mitad que los ricos y los trabajadores por cuenta ajena la cuarta parte.

Lo más curioso de esta ley es la ceremonia del pago, pues el infiel debe pagar de manera humillante, en pie y ofreciendo el dinero al musulmán, que lo recibirá sentado en una especie de sitial, para que la situación resulte más deshonrosa para el que paga. El almojarife, equivalente árabe del publicano romano, debía recibir el dinero con estas palabras: «¡Oh dimmí, enemigo de Alá! Paga la chizia, que es la indemnización que nos debes por el amparo y la tolerancia que te concedemos».

El pago debía de hacerse en persona, como manda el Corán, pues, de lo contrario, los dimmíes podrían enviar a un criado con el pago para ahorrarse la situación humillante; pero está escrito: «Combatid a los no creyentes hasta que paguen el tributo personalmente y queden abatidos».

Los cristianos debían someterse asimismo a unas normas de convivencia que los situaban siempre por debajo de los musulmanes. Todas estas reglas venían a castigar a los que no creían en la religión verdadera porque Dios había puesto un velo ante sus ojos que les impedía distinguir el bien del mal. Por muy molestas o envilecedoras que resultaran, siempre eran más misericordiosas que las leyes dañinas que aplicaron los cristianos a los judíos y más tarde a los propios musulmanes.

Estas normas obligaban a los mozárabes a tratar a los musulmanes como a sus señores, cediéndoles el asiento, levantándose en su presencia y vistiendo de manera diferente, para que no hubiera confusión entre los creyentes y los que no lo eran. No les estaba permitido imitar las maneras, las expresiones, las ropas, el calzado o el peinado de los musulmanes, algo que desde luego no se llevó a cabo. Tampoco les estaba permitido montar a caballo, que es un animal noble, sino que solamente podían montar asnos o mulos y siempre a mujeriegas, es decir, con las dos piernas hacia el mismo lado, debiendo utilizar albardas y no sillas de montar. Y no podían, desde luego, ocupar cargos públicos, pues la investidura de un cargo semejante suponía amistad y confianza y el Corán enseña a no entablar amistad con los infieles.

A cambio de pagar tributos y de guardar estas normas de comportamiento, los mozárabes gozaban de derecho de culto, podían tener iglesias y sacerdotes, aunque no les estaba permitido colocar cruces en el exterior ni tocar campanas o llevar imágenes en procesión. Las imágenes estaban prohibidas y no se podían exhibir. Es decir, podían mantener su fe y sus ceremonias religiosas, pero de manera privada, sin hacer ostentación para no escandalizar a los creyentes. Y, por supuesto, las injurias contra el islam o el Profeta se castigaban con pena de muerte.

Otras leyes de moros importantes eran las que regulaban los matrimonios mixtos. Los cristianos no podían casarse con musulmanas ni tenerlas como concubinas, pero los musulmanes sí podían tomar esposas o concubinas cristianas. Si la esposa ya tenía hijos, estos podían mantener la educación y la religión cristianas, pero los hijos habidos de este segundo matrimonio debían recibir la educación musulmana. Si uno de los cónyuges de un matrimonio cristiano se convertía al islam, el vínculo quedaba disuelto automáticamente. Si se convertían los dos, debían convalidar el casamiento según el rito musulmán. Si tenían hijos, los mayores de edad podían conservar su religión, pero los menores debían hacerse musulmanes.

Si pensamos en que los árabes y los bereberes que llegaron a la península fueron solamente hombres, hay que considerar que la mayoría de ellos se casaron con mujeres autóctonas, lo cual dio lugar a nuevas generaciones de hombres y mujeres de religión musulmana pero de raza latina o germana, porque las razas árabe y bereber se fueron diluyendo generación tras generación.

La mujer en el Corán

El Corán regula el matrimonio musulmán. Los hombres pueden tomar entre una y cuatro esposas. Señala que la esposa tiene idénticos derechos sobre el esposo que él sobre ella, pero no deja de advertir que los hombres tienen preeminencia sobre las mujeres porque Dios les ha favorecido respecto a ellas. Exhorta a las mujeres a mostrar sus adornos solamente a su marido. Establece un castigo de cien azotes para el adulterio, tanto del marido como de la mujer. En cuanto al repudio, las mujeres repudiadas se pueden casar después de la tercera menstruación. Un hombre debe asegurarse de que su mujer no está encinta antes de repudiarla.

En lo tocante a jurisprudencia, los cristianos podían elegir ser juzgados por un juez cristiano conforme a las leyes cristianas o a los *Evangelios* o bien ser juzgados según la ley coránica por un cadí, juez musulmán. Cristianos y musulmanes no podían heredarse mutuamente, como tampoco estaba permitido entre cristianos y judíos.

De haber seguido al pie de la letra las indicaciones del Corán, no cabe duda de que los cristianos que convivieron con los musulmanes sin perder su fe, los llamados mozárabes, hubieran vivido un infierno y así lo han denunciado los autores que definen la situación de los españoles como de sometimiento ominoso de la cristiandad a la morisma. También los alfaquíes aconsejaron a los gobernantes mostrar su celo por la religión musulmana, aumentando los tributos a los cristianos. Y lo mostraron, qué duda cabe, pero, como decimos, nunca al pie de la letra.

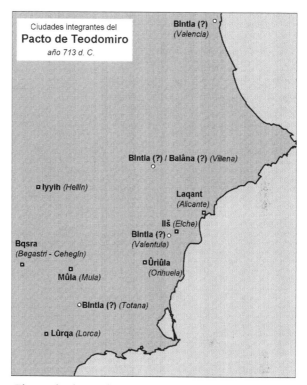

El tratado de Teodomiro o Tratado de Orihuela es un
ejemplo de tolerancia.

Muchos autores están de acuerdo en que la dominación musulmana trajo mejoras sociales, que el pueblo
vivió mejor con ellos que con los visigodos y que el rigor
religioso del inicio se relajó en gran manera cuando los
invasores consolidaron su conquista.

Por ejemplo, hemos visto que las leyes de moros
prohíben a los no musulmanes ostentar cargos públicos
y, sin embargo, sabemos que en Córdoba, capital de

al-Ándalus, había tres altos magistrados nombrados por el califa y los tres eran cristianos.

Había un conde que ejercía el gobierno civil. El primero fue Ardabasto, hijo de Witiza, con el título de *comes* de al-Ándalus, alcalde o *aluazil* en árabe, que trataba muchos asuntos directamente con el califa. Había un juez de los cristianos que juzgaba según las leyes cristianas, siendo el primero un descendiente de

EL TRATADO DE TEODOMIRO

1. Teodomiro y los suyos serán recibidos bajo el amparo del islam y el patronato de Dios y de su Profeta.

2. Ni a él ni a ninguno de sus principales se les impondrá jefe alguno.

3. Nunca podrá ser destituido ni despojado de sus bienes mientras acepte las condiciones del tratado y pague el tributo establecido.

4. Ninguno de los suyos será muerto ni cautivo ni separado de sus hijos o mujeres.

5. No se les violentará en su religión ni se quemarán sus iglesias.

6. Ni Teodomiro ni los suyos darán asilo a enemigos de los musulmanes ni les ocultarán noticias que conozcan de ellos.

7. Ni Teodomiro ni los suyos hostigarán a los protegidos de los musulmanes.

8. En reconocimiento de vasallaje, él y sus magnates pagarán cada año al gobierno musulmán un dinar (un sueldo de oro), cuatro almudes (litros) de trigo, cuatro de cebada, cuatro cántaros de arrope, cuatro de vinagre, dos de miel y dos de aceite.

9. Los siervos pagarán la mitad de estas cantidades.

Agila, al que se contaba entre los príncipes mozárabes. Y había un intendente de Hacienda, almojarife o recaudador, que se ocupaba de cobrar los tributos y entregar la parte correspondiente al Tesoro del islam. Era este un cargo honorífico muy codiciado y lucrativo (según el nivel de corrupción del funcionario) que daba acceso al Alcázar Real de Córdoba. También recaía sobre un cristiano y el primero parece que asimismo fue Ardabasto.

Escritores cristianos del siglo IX como los santos Eulogio y Álvaro mencionan magnates y próceres mozárabes y por ellos sabemos que los nobles hispanos y visigodos conservaron sus privilegios de clase, así como sus títulos de *dominus, domina,* santísimo para el obispo, serenísimo para el conde o ilustrísimo para el senador.

Muza repartió entre sus hombres los territorios del sur de la península que no habían capitulado, sino que habían sido conquistados por las armas. Pero muchos árabes no necesitaban tierras, porque eran nómadas y no tenían interés alguno en convertirse en campesinos. Por tanto, las dejaron a sus dueños exigiendo un pago a cambio de ellas. Los habitantes del norte, que capitularon en su mayoría, conservaron sus tierras y sus árboles, aunque hubieron de entregar otros bienes. En cuanto a los habitantes de las ciudades y plazas fuertes, Muza les dejó sus propiedades y, por supuesto, su religión, siempre a cambio de un tributo. Es decir, el resultado fue similar para todos, conquistados y sometidos voluntariamente. Los propietarios hubieron de pagar las cuatro quintas partes del producto obtenido de sus tierras y los colonos, un tercio.

Las concesiones que los musulmanes acordaron con los pueblos sometidos siguieron el ejemplo de Mahoma. El mismo tanto por ciento que pidió a los judíos de Jaibar, en Arabia, del producto obtenido de sus palmerales y tierras de labranza, se aplicó a los campos de frutales y cultivos de los países cristianos conquistados.

Los monasterios

Los conquistadores establecieron acuerdos especiales con los monasterios, a los que respetaron y no obligaron a pagar impuestos. Por ejemplo, la orden de san Benito, cuyo lema era «ora et labora» y cuyos monasterios se erguían en lo alto de rocas escarpadas, conservaron todo cuanto tenían debiendo únicamente ofrecer auxilio y posada a los caminantes musulmanes, igual que los ofrecían a los cristianos y, suponemos, a los judíos.

Los musulmanes respetaron la mayoría de las iglesias cristianas aunque no faltaron los que se dedicaron a robar las joyas y tesoros que allí se guardaban. Para los cristianos, aquello fue un tremendo sacrilegio, pero para los musulmanes, dado que Dios es la única deidad y es incorpóreo, cubrir las iglesias de oro y enjoyar los altares era el mismo error que siglos después denunció san Bernardo de Claraval, apelando al «vanitas vanitatis» bíblico[8]. Eso no excusa el robo, pero no hay que olvidar que muchos de aquellos soldados no luchaban por Dios, sino por el botín.

Para salvar sus bienes del expolio, muchos prelados llevaron joyas y, sobre todo, reliquias, que entonces eran más preciosas que los tesoros, al norte, donde siempre quedó un reducto del cristianismo y donde las iglesias estaban protegidas y podían guardar los tesoros[9]. Uno de aquellos prelados, Bencio, obispo de la antigua Cesaraugusta a la que los árabes llamaron Medina al-Baida Saraqusta ('Zaragoza la Blanca') y hoy conocemos como Zaragoza, llevó las reliquias y los códices que

---

[8] «Cubrís de oro las iglesias y dejáis desnudos a los pobres. ¡Oh, vanidad de vanidades! ¡Locura más que vanidad!». Carta de san Bernardo de Claraval al abad Guillermo de Saint Thierry, fechada en 1125.

[9] Suponemos que el objeto de los profanadores no eran las reliquias en sí, sino los relicarios de metales preciosos en los que se guardaban.

pudo abarcar al monasterio de San Pedro de Tabernas, en el Pirineo de Huesca. Un monje aragonés del siglo VIII, san Belastuto, cuenta en sus crónicas las vicisitudes de este obispo huyendo de Zaragoza con su preciada carga. De este santo se cuenta que, habiendo abandonado su monasterio para llevar un mensaje, fue sorprendido por los moros, quienes le cortaron las orejas. No sabemos si se trata de leyenda o realidad; lo cierto es que las gentes del lugar tomaron a este monje como santo patrón de las afecciones del oído.

LA VIUDA DE DON RODRIGO

> El emir trocó tus penas,
> destruyendo las cadenas
> de tu triste cautiverio.
> Hoy, unida en cuerpo y alma
> a Abdelaziz generoso,
> le puedes llamar tu esposo
> y vivir en dulce calma.
>
> *La viuda de don Rodrigo*
> Francisco Pi y Arsuaga

Hubo no pocos matrimonios entre musulmanes y cristianas convertidas y sin convertir. Una figura importante fue la de Sara la Goda, una nieta de Witiza a quien su tío Ardabasto desposeyó de las tierras sevillanas que le pertenecían por herencia de su padre Olemundo.

En demanda de justicia, Sara acudió al califa de Damasco, que no solamente medió para que la hermosa visigoda recuperase lo que era suyo, sino que la dio en matrimonio a un árabe principal de la corte califal damascena, Isa ibn Muzahim. Una vez ambos cónyuges estuvieron instalados en al-Ándalus, Sara enviudó y volvió a casarse con un importante militar sirio. De sus dos maridos tuvo varios hijos que encabezaron familias principales sevillanas.

La leyenda de la reina Egilona la hace responsable de la caída de Abdelaziz. Ilustración de *Historia de la mujer española*.

Uno de sus hijos fue el célebre cronista Mohamed ben Omar, más conocido por su apodo Ibn Aloutia, que significa «hijo de la Goda», que nos dejó escritos los desmanes de su tío abuelo Ardabasto, el cual, como dijimos, alcanzó el título de príncipe de los mozárabes como gobernador y recaudador de Córdoba, donde recibía a los altos dignatarios musulmanes en un sitial chapado de oro y plata, vestido con ropajes reales y ciñendo rica diadema. Ardabasto gozó de toda la protección de los musulmanes aunque mantuvo su religión cristiana, instituyéndose como cabeza de la facción política partidaria del gobierno del islam, frente a la facción contraria, que siempre suspiró por la restauración del trono visigodo de Toledo.

Más interesante parece la historia de Egilona, viuda precisamente del oponente de Witiza, don Rodrigo, con la que se casó el nuevo emir de Sevilla, Abd al-Aziz ibn Musa, al que ya vimos que se ha llamado Abdelaziz, hijo del moro Muza. Si es cierto lo que de Egilona y sus caprichos se cuenta, no hay duda de que fue aquel matrimonio lo que le costó la vida al flamante virrey.

Anteriormente hablamos del gran interés de los godos por emular las ceremonias de los bizantinos, ya desde tiempos de Leovigildo, una costumbre que debía de haber calado profundamente en la viuda de don Rodrigo, puesto que se empeñó en convencer a su nuevo esposo para que adoptase la ceremonia bizantina de adoración al emperador que Leovigildo había instaurado en la corte goda de Toledo, como parte del proceso de romanización.

Sin embargo, no era posible adorar a un rey en tierras musulmanas, ya que el Corán dice bien claro que solamente hay que adorar a Dios. Y mucho menos a un emir, que era el título de Abdelaziz. Pero eso no fue óbice para Egilona, que hizo todo lo posible por convencer a su marido para que se independizara del califa de Damasco y se coronase rey, con el apoyo de los godos partidarios de don Rodrigo.

Comoquiera que el recto virrey se negara, espantado, a emular a los emperadores bizantinos a los que sin duda tenía por paganos e idólatras, Egilona ideó una ingeniosa estratagema para conseguir su propósito. Si los visitantes no se postraban cara al suelo a adorar

Pipino el Breve fue el mayordomo de palacio que expulsó
definitivamente a los musulmanes de Francia. Louis
Félix Amiel pintó su retrato en el siglo XIX para el museo
histórico de Versalles.

a su esposo, al menos se inclinarían profundamente al acceder a su presencia.

El invento de la reina goda consistió, *grosso modo,* en una puerta de acceso al aposento del príncipe, más baja que la estatura normal de una persona, lo que obligaba al visitante a entrar encorvado y con la cabeza inclinada. Lógicamente, una vez dentro del recinto, el visitante enderezaría totalmente su postura, pero ella se hacía la ilusión de que habían rendido a su esposo el homenaje romano de *adoratio.*

También se cuenta que Egilona consiguió convencer a Abdelaziz para que se coronase rey. El arzobispo Ximénez de Rada en su libro *Historia Arabum* dice que, al menos, le convenció para que luciera una corona real en la intimidad: «Un rey sin corona es un rey sin reino, ¿quieres que te haga una corona con las joyas que conservas?», le preguntó y, como él se negara por no contravenir la ley coránica, ella insistió: «y, ¿qué saben tus correligionarios de lo que haces dentro de tu casa?». Finalmente, él aceptó».

Aquello parece que fue lo que les costó a él la vida y a ella el trono, porque otra aristócrata visigoda casada asimismo con un jefe musulmán, el capitán Ziyad ben Annábiga, contó a su esposo que había visto a Abdelaziz lucir la diadema cuando se hallaba a solas con su mujer en su aposento. El asunto de la corona llevó al capitán a creer que Abdelaziz se disponía a coronarse rey, fundando su propio reino en al-Ándalus, independiente del califa y, probablemente, cristiano, por lo que se conjuró con los demás capitanes para acabar con la vida del emir en el momento más propicio, que se presentó aquel mismo año 716, dicen que mientras Abdelaziz oraba en la mezquita.

No sabemos en realidad si hubo un objetivo secreto tras la insistencia de Egilona que costó la vida a su esposo. Las leyendas cristianas aseguran que realmente él se convirtió al cristianismo y que ella hizo todo lo posible por ayudar a sus correligionarios a recuperar el trono de

Toledo. Sólo sabemos que él murió y que ella desapareció de la escena, aunque una leyenda jienense asegura que murió de amor en el alcázar de Andújar. Hay también un romance que describe el puñal ensangrentado en la mano de Habib, íntimo amigo de Abdelaziz, obligado por el califa a ejecutar al que, a instancias de su esposa cristiana, creyeron traidor a la fe y a la ley.

Oficialmente, Abdelaziz fue asesinado en el 716 acusado de corrupción o, según otros, de traición, y fueron sus sucesores quienes se lanzaron a la conquista de Gerona, tras de la cual cayó toda la Septimania. A partir de ahí, la conquista tomó cariz de guerra santa y la invasión se propagó a Francia, llegando a conquistar para el islam Narbona, Arlés, Aviñón, Lyon y parte de Aquitania hasta Poitiers, donde un mayordomo de palacio, una especie de virrey del rey merovingio, llamado Carlos Martel, no solamente detuvo su avance, sino que, con ayuda de los lombardos, consiguió recuperar la mayor parte de las tierras conquistadas.

Finalmente, ya en el año 759, otro mayordomo de palacio, Pipino, llamado «el Breve» porque apenas alcanzaba un metro y treinta y cuatro centímetros de estatura, lo que no restó un ápice a su valentía, expulsó a los musulmanes de Provenza.

3

La ciudad de las tres culturas

Pequeña hornacina sin imagen que muestra a los
creyentes la dirección de La Meca.
En la más elevada espiritualidad musulmana, la
belleza es signo que evoca la presencia de Dios.
La curva de este arco inmenso parece dilatarse
como pulmón que aspira el aire del infinito.
Creyente, sea cual sea tu fe, deja en ti germinar
esta hierba de esplendor y esperanza.

De la descripción del mihrab de la mezquita de Córdoba,
Fundación Roger Garaudy, Torre de la Calahorra.

Entre los siglos IX y XIII, Córdoba vivió un momento privilegiado de la historia, cuando, con un millón de habitantes, fue no solamente la ciudad más grande de Occidente
y, según dicen, del mundo, sino el centro y la vanguardia
de la cultura.

Antes de que Córdoba superase en tamaño y esplendor a Damasco, a Bagdad y, según cuentan, a la misma
Constantinopla, hubo en al-Ándalus una serie de gobernantes que, dependientes del califa, incidieron de forma

La Torre de la Calahorra, en Córdoba, alberga el Museo de las Tres Culturas y da testimonio de la maravilla que fue Córdoba en los tiempos del califato.

favorable o desfavorable en la vida de los hispano-visigodos. Estos gobernantes recibieron el título de emires o virreyes, como Muza o Abdelaziz, reservándose para el califa el título de miramamolín, castellanización del árabe Amir almuninin, traducible por 'príncipe de los creyentes'. El gobierno de los emires se extendió entre los años 711 y 756.

Los descendientes del Profeta

El califa es el sucesor del Enviado de Dios, es decir, descendiente del Profeta. Los virreyes de al-Ándalus estuvieron sujetos al mando del califa, el cual, aunque desde lejos en Damasco o en Bagdad, nunca dejó de atender las demandas de sus súbditos impartiendo justicia y repartiendo favores cuando convenía. Los mismos cristianos recurrieron en más de una ocasión al califa para defender sus derechos arrebatados o recortados por el virrey de turno, como vimos hacer a Sara la Goda o a los hijos de Witiza.

Para asegurarse de que la recaudación de tributos se hacía de manera justa, los califas obligaban al almojarife que llevaba el dinero a la corte califal a jurar que había obtenido aquella suma conforme a la justicia y a la legalidad. Por las crónicas, sabemos que más de uno debió jurar en falso y que la corrupción hizo mella en un buen número de gobernantes y recaudadores.

El gobierno de Abdelaziz duró tres años y parece que fue justo, moderado y benigno, al menos para los cristianos. No olvidemos que tomó por esposa a la viuda de don Rodrigo, la cual, naturalmente, utilizó toda su influencia para beneficiar a sus correligionarios. Abdelaziz renovó el esplendor de la corte toledana y dio a su esposa el antiguo alcázar y el palacio romano, para que los compartiera con sus damas visigodas. En un antiguo monasterio, mandó construir para ella una villa de recreo que la protegiera de los rigores estivales de Toledo. El resto del monasterio quedó como iglesia para el culto cristiano, en cuyo pórtico construyó una mezquita para el culto musulmán. Esto es, al menos, lo que dicen los textos árabes. Sabemos que los primeros musulmanes, exceptuando en Sevilla, Zaragoza o Elvira, apenas erigieron mezquitas en Hispania, o al menos quedan escasos vestigios de ellas, hasta la construcción de la mezquita de Córdoba. Generalmente, utilizaban para su culto las iglesias y catedrales cristianas de las que previamente habían eliminado las imágenes y las cruces prohibidas por su religión. Tiempo atrás, en Siria, el califa Omar dio el primer ejemplo.

Tras el asesinato de Abdelaziz, hubo un corto período de interregno en el que gobernó Ayub, el cual trasladó en el 715 la capital de al-Ándalus de Sevilla a Córdoba.

En el año 717, el virrey de África envió a un nuevo emir, al-Hor, que se instaló en la nueva capital sevillana, en el palacio de los duques de Bética, que fuera en su día propiedad de don Rodrigo. Este emir fue el primero en acuñar monedas con el nombre de Alá y también el primero en lanzarse a la conquista de la Galia Narbonense, a la que sometió obligando a los visigodos allí instalados a pagar tributos. Pero se comportó de manera justa, porque, habiéndose quejado algunos terratenientes cristianos de que ciertos caudillos musulmanes les habían arrebatado sus tierras en tiempo de paz, es decir, sin justificación de guerra ni *yihad,* mandó que se las restituyeran y, además, castigó a los caudillos que habían abusado de su poder.

No trató con tanta bondad a los bereberes, dedicándose a hostigar a los del norte de África con tal furor que el califa Omar II le destituyó y lo reemplazó por al-Sham ben Malik, el nuevo virrey al que la historia de España conoce por Asama o Zama.

Asama terminó el trabajo administrativo que iniciara Muza años atrás, redistribuyendo las tierras y los impuestos, lo cual perjudicó a muchos musulmanes, que perdieron sus pertenencias. Como también ellos se quejaron al califa, Omar obligó a Asama a repartir las tierras de manera que todos quedaran satisfechos, tanto los musulmanes como los cristianos, pues evitó en todo momento que el nuevo reparto mermara posesiones de unos o de otros.

También Asama se lanzó a la conquista de la Galia, pero ya no de la Galia Gótica, sino de la que pertenecía al reino merovingio. Se aventuró en Aquitania, donde fue vencido y muerto por el conde Sudón. Esto sucedió en el año 721. El nuevo virrey, Ambasa ben Suhaim, al que se conoce por Ambiza, insistió en la invasión de las tierras merovingias, llegando a conquistar Carcasona, Nimes y Autun, pero los visigodos del norte se pusieron de parte de los francos y Ambiza los castigó incrementando los impuestos de manera que fuesen ellos quienes pagasen los gastos de la guerra. Esta medida injusta no solamente se debió al elevado gasto que suponían las guerras, sino también a que en aquellos momentos surgió en Siria un nuevo mesías judío dispuesto a librar a su pueblo del yugo del invasor y los judíos de al-Ándalus corrieron en masa a apoyar su acción, dejando desprovistas las arcas del país. Los judíos eran ya por entonces los banqueros del reino.

En el 726, Ambiza volvió a la carga para conquistar tierras francesas, pero aquella vez le costó la vida, siendo sucedido por Yahya, el nuevo virrey enviado por el emir de África, que restituyó tierras y posesiones usurpadas. Ya dijimos que unos emires fueron benevolentes y que otros abusaron de su poder y vemos que lo que unos usurpaban los otros lo restituían y viceversa. Después de Yahya, que fue destituido en el 728, Abderramán ben Abdallah puso un enorme empeño en la conquista de la Galia y llegó hasta Poitiers, donde fue vencido por Carlos Martel, duque de Austrasia y mayordomo de palacio, que defendió con denuedo sus tierras y las de su rey Chilperico II.

Una crónica mozárabe anónima del año 754 describe el enfrentamiento entre Abderramán y el duque franco, al que califica de «hombre belicoso desde su infancia». Cuenta esta crónica que ambos bandos se atormentaron durante siete días con enfrentamientos militares, al final de los cuales se inició la batalla. Los soldados francos se mantuvieron inmóviles, como una pared de hielo en época invernal, mucho más robustos y vigorosos que los árabes, a los que pasaron a espada «en un abrir y cerrar de ojos». Así murió Abderramán. Tras su muerte, los ejércitos árabes abandonaron el campo de batalla durante la noche, calladamente, y regresaron a su patria «en apretada columna».

Abderramán murió en el 732 y fue sucedido por Abdelmélik, que sometió a los cristianos a tributos injustos e hizo frente a una insurrección de los vascones, rindiendo a un grupo de doscientos hombres atrincherados en el Panno, junto al paraje en el que hoy se levanta el monasterio de San Juan de la Peña.

Abdelmélik se atrevió a violar el famoso pacto que el duque Teodomiro firmara con Abdelaziz, entrando en Cartagena con ánimo de conquista, pero Teodomiro recurrió al califa y Abdelmélik no solamente tuvo que retirarse, sino que perdió su cargo y fue sustituido por Okba ben Alhachach, que lo primero que hizo fue encarcelar a su antecesor en castigo a sus desafueros.

El triunfo del duque Teodomiro frente a Abdelmélik fue tan sonoro que, desde entonces, las ciudades de Elche y Valencia se llamaron respectivamente Elche de Tudmir y Valencia de Tudmir (nombre árabe de Teodomiro). También recuperó la región que más tarde se denominó Murcia.

Los emires musulmanes, más preocupados por ampliar los territorios conquistados que por consolidar sus dominios, debían ocuparse de apagar las sublevaciones, de continuar la *yihad* en tierras del reino merovingio y, asimismo, de atender a las querellas y disputas que surgían dentro de la propia comunidad musulmana. Al fin y al cabo, los conquistadores pertenecían a tribus, países y etnias distintos y tenían muchas diferencias que limar y mucho poder y riqueza por los que disputar. Además, hemos visto que entre los mismos árabes hubo tribus que ya estaban enfrentadas cuando habitaban la península arábiga y que llevaron sus confrontaciones hasta la península ibérica. A esto hay que sumar las rebeliones de los judíos, que con frecuencia se levantaban para protestar por las confiscaciones que a veces sufrían por parte de los conquistadores.

En el año 739 se produjo la insurrección de los bereberes en África, que venían padeciendo desde años atrás la discriminación y el maltrato de los árabes. Su primera victoria envalentonó a los bereberes de la península, que también se levantaron en el año 741, porque se sentían igualmente discriminados, entre otras cosas, en el reparto de tierras, ya que los árabes se reservaron las ricas cuencas del Ebro y del Guadalquivir, relegando a los bereberes a la meseta o a las montañas.

Abdelmélik pidió ayuda a los sirios de Ceuta que atravesaron el Estrecho para doblegar a los sublevados, pero después se negaron a volver a África y decidieron establecerse en al-Ándalus porque encontraron que el país era similar al suyo. Esto después de dar muerte al propio Abdelmélik y de proclamar como jefe a Balch. Este caudillo sirio inició una guerra civil contra los árabes que no les permitían asentarse en la península, argumentando que no había sitio para los sirios, puesto que se trataba de un territorio que ellos, los árabes, habían conquistado. En el año 743, Abuljattar terminó con la guerra civil, enviando a los sirios insurrectos al otro lado del Estrecho y repartiendo tierras a los que habían permanecido fieles.

También se dice que Abdelmélik no murió a manos de los sirios, sino de los cordobeses que, hartos de sus abusos y exacciones, le depusieron, le crucificaron y, después, colocaron su cabeza en un garfio a las puertas de la ciudad de Córdoba para escarmiento de gobernantes injustos.

El duque Teodomiro tuvo un hijo llamado Atanagildo que heredó su rectitud y su bien hacer, porque cuentan que, gobernando ya este la ciudad de Orihuela a la muerte de su padre, el emir Abuljattar irrumpió en sus tierras llevando a los colonos egipcios para los que no encontró acomodo en la cuenca del Guadiana y colocándolos como aparceros en la del

Segura. Pero Atanagildo esgrimió el famoso tratado de su padre que eximía a sus tierras de aquel tipo de cargas con tal convencimiento que los mismos colonos egipcios se pusieron de su parte y, entre unos y otros, acudieron al califa, que entonces era Meruán (o Marwan), en demanda de sus derechos. Como también el califa había heredado de su antecesor el sentido de la justicia, Atanagildo obtuvo la confirmación de su tratado y Abuljattar tuvo que poner fin a sus abusos.

A todo esto, veinticinco años atrás, mientras primero al-Hor y después Ambiza se dedicaban a la guerra santa contra los merovingios, un héroe nacional se había alzado en Asturias: Pelayo, godo para unos, astur para otros y un enigma para muchos.

ISBANIYA

El emirato dependiente primero de Damasco y luego de Bagdad[10] se constituyó en Córdoba, y se extendió entre los años 711 y 755. Fue una etapa transitoria en la que veintitrés emires se sucedieron en el poder y en la que abundaron, como hemos visto, las guerras intestinas, los levantamientos y las sublevaciones.

Como capital de al-Ándalus, Córdoba se había convertido en una ciudad totalmente musulmana. Las iglesias se adaptaron al islam, retirándose cruces e imágenes, se estableció el calendario musulmán que se inicia en el año 622, fecha de la Hégira, y que cuenta años de trescientos cincuenta y cuatro días. Se instauraron las leyes musulmanas, la Charia, así como las costumbres musulmanas, la Sunna. Se inculcaron los

---

[10] El califato de Damasco, establecido por los omeyas, se extendió entre el año 661 y el 750. El califato de Bagdad, establecido por los abasíes, se extendió entre el año 750 y 1258.

Mapa de la península ibérica en el año 750, tras el
establecimiento del califato omeya.

cinco pilares del islam a todos los creyentes y la lengua
árabe se convirtió en lengua oficial, coexistiendo con las
lenguas bereber y romance, aunque no faltaron presio-
nes para abandonarlas a favor del árabe, que ya dijimos
que era la lengua que hablan Dios y los musulmanes.
También coexistieron las religiones judía y cristiana,
compartiendo los cristianos sus iglesias, adaptadas a
mezquitas, con los musulmanes, con excepción de la
catedral, que se reservó al culto cristiano.

A principios del siglo VIII, la península ibérica era
una provincia del imperio musulmán, en árabe, Dar
al-Islam, un vasto territorio con capital en Damasco.
Al norte de la frontera natural del río Duero, más allá
de las tierras ocupadas por los bereberes en la meseta y en
las zonas montañosas, quedaba un área gobernada
por cristianos, un territorio al que los árabes llamaron
Isbaniya cuya capital, una vez restaurada la monarquía,
fue Cangas de Onís.

Entre ambas regiones se extendía una franja semi-desértica que se llamó «tierra de nadie»[11], donde tenían lugar frecuentes escaramuzas entre mesnadas cristianas y musulmanas que se hostigaban mutuamente en terreno neutral, como avanzadillas de los dos reinos.

El príncipe advenedizo

Mientras, en la lejana Damasco, el califa Hisham ibn abd al-Malik murió en el año 743 dejando tres hijos y un nieto. Había designado sucesor a su hijo Moawia, pero este no pudo acceder al trono porque murió de una caída de caballo cuando perseguía a una zorra que se había internado en el desierto. Le sucedió, entonces, su sobrino Walid II, que tenía muy mala fama por llevar una vida disoluta. Eso le acarreó enemistades y enfrentamientos y acortó sobremanera su reinado y su vida, ya que murió asesinado al año siguiente de ascender al trono califal. Le sucedió su primo Yazid III que duró en el trono todavía menos porque una revuelta acabó con su vida el mismo año en que accedió al poder, el 744. Y su sucesor, Marwan, fue la víctima de la conspiración abasí que terminó con la dinastía Omeya.

En el capítulo primero vimos a un joven escapar de la matanza que los abasíes perpetraron contra sus enemigos ancestrales, los omeyas. Este joven, que apenas había cumplido los veinte años cuando se produjo aquel suceso, era el hijo del príncipe que murió a causa de una caída de caballo y que, habiendo sido designado por su padre como sucesor al trono, tenía todos los derechos a la sucesión, al menos según los partidarios de los

---

[11] La «tierra de nadie» comprendía los valles del Miño y del Duero, las Bardenas navarro-aragonesas, las Cinco Villas, el Desierto de la Violada, los Monegros, la Litera y la Llanada de Lérida.

aristócratas que venían ocupando el primer puesto en La Meca durante siglos.

El joven, llamado Abderramán, era hijo de Moawia y de una de sus concubinas, una esclava bereber de la tribu nafza llamada Raha. Dicen que el joven tenía el pelo rubio, los ojos verdes y la piel blanca y también dicen que no escapó solo de la matanza, sino que consiguió salvar a sus dos hijos, Suleimán y Abdallah. Tras dejarlos en Siria a buen recaudo, emprendió una larga huida a través de Palestina y Egipto hasta alcanzar el Magreb, donde pidió auxilio a su familia materna. Es muy probable que su madre le hubiera contado historias y costumbres de aquellas lejanas tierras y que eso atrajera sus pasos a Occidente.

Una vez a salvo, Abderramán recabó noticias de su entorno y supo que los abasíes se habían instalado en el trono de al-Ándalus, que contaban con la fidelidad del emir de Córdoba, Yusuf al-Fihri, pero que todavía quedaban muchos simpatizantes y partidarios de los destronados omeyas. Sabiendo esto, Abderramán reunió un pequeño ejército y se aventuró a atravesar el Estrecho, desembarcando en el puerto de Almuñécar el 14 de agosto del año 755.

Eran pocos pero, a medida que se iban acercando a las grandes ciudades, como Sevilla, nuevos partidarios se les fueron uniendo hasta formar un contingente lo suficientemente importante como para atreverse a atacar Córdoba, lo que hicieron en marzo del 756. El emir al-Fihri salió a su encuentro, pero Abderramán le venció en la batalla de Almuzara. En mayo del mismo año, mientras al-Fihri, derrotado, abandonaba Córdoba por la Puerta de Alcántara, Abderramán entraba triunfante en la ciudad por la Puerta de la Axarquía.

Las crónicas le dan el sobrenombre de al-Dájil, lo que unos traducen por 'el inmigrado' y otros por 'el advenedizo'. Si el apodo se lo dieron sus súbditos, puede valer la primera traducción, pero si se lo impusieron sus enemigos los abasíes, con seguridad que el sentido correcto es el segundo, un advenedizo, un aprovechado que llega para beneficiarse de aquel paraíso terrenal que los abasíes apenas habían empezado a disfrutar.

Inmigrado o advenedizo, lo primero que hizo Abderramán fue consolidar su posición de emir de Córdoba. No podía seguir dependiendo del califa de Bagdad, porque era descendiente del asesino de su familia. Tampoco podía romper con él, porque el califa era el jefe espiritual del islam, algo parecido al papa para los católicos, y la ruptura hubiera supuesto el abandono de los creyentes. Optó, pues, por la vía de en medio. Continuó sometido a las decisiones de Bagdad en lo tocante a religión, pero, en cuanto a política, inició el camino de la independencia asumiendo las funciones que anteriormente fueran privilegio del califa, como dirigir las campañas de expansión del islam o nombrar cargos políticos elevados.

Para afianzar su posición, Abderramán recurrió a la compra de apoyos, es decir, colmó a sus partidarios de bienes, de cargos y de riquezas y, además, protegió a los funcionarios religiosos. Pero, como siempre hay una contrapartida, estos funcionarios exigieron a cambio el ejercicio de una rigidez doctrinal y litúrgica que antes no se había aplicado, lo que supuso declarar heréticos a los que no se adhirieran absolutamente a un único ceremonial religioso, por muy creyentes y ortodoxos que fueran sus ritos.

Declarar hereje al que no practica el mismo rito significa establecer una serie de persecuciones, acusaciones y juicios, y eso, dentro de la misma comunidad musulmana, debió de producir al flamante emir no pocos quebraderos de cabeza. A esto hay que añadir las continuas rebeliones y ataques del derrotado emir de Córdoba, al-Fihri, que junto con sus hijos se le

Este mapa muestra las Marcas establecidas por Abderramán I: Mérida, Toledo y Zaragoza. Más al norte, la «tierra de nadie» entre las Marcas y los territorios cristianos.

enfrentó en varias ocasiones con intención de recuperar el gobierno perdido.

Sumaremos a esto la rebelión de los bereberes que tuvo lugar quince años antes y que, como consecuencia, había dejado despobladas amplias zonas de la península ibérica, precisamente las aledañas a las tierras que ocupaban los cristianos, que poco a poco se iban ampliando. Para defender sus fronteras, Abderramán I creó tres provincias fronterizas en el límite de su soberanía: la Marca Superior, cuya capital fue Zaragoza, la Marca Media, cuya capital fue Toledo, y la Marca Inferior, cuya capital fue Mérida.

Fue él también quien organizó un ejército poderoso del que no tuviera nada que temer, es decir, un ejército no ligado por ideología, fe o familia, sino por dinero. Fue un ejército mercenario que le siguió fielmente siempre que hubo botín a repartir. Soldados de fortuna, esclavos y cautivos sin raíces ni familia, sin otro interés en la vida que la guerra y el saqueo, muchos de los cuales ni siquiera se molestaron en aprender árabe, por lo que la población les dio el apodo de los «khurs», 'los silenciosos', debido a su nula locuacidad.

El reino cristiano, restaurado desde el 718, se iba expandiendo hacia el sur y, aprovechando la desbandada de los bereberes, los hispano-visigodos del norte se atrevieron a bajar de sus montañas y a poner los pies en la franja sur de la cordillera Cantábrica, para invadir zonas de la «tierra de nadie» y organizar algaradas y escaramuzas contra los gobernadores de las Marcas.

En cuanto a las Marcas, en lugar de suponer una fuente de tranquilidad para la capital del territorio, pronto se convirtieron en otra fuente de conflictos, ya que los gobernantes no tardaron en iniciar sus propias sublevaciones y movimientos independentistas. Los unos por ser yemeníes y poco adictos a los omeyas y los otros por ser muladíes y con reminiscencias hispano-visigodas. El mapa de la figura anterior muestra los nombres de la tribus y familias que gobernaban las diferentes áreas de la península ibérica, cada una con sus tradiciones, sus afectos y sus odios generacionales.

El emir de Zaragoza Ibn al-Arabí, por ejemplo, cometió el mismo error que han cometido tantos malos gobernantes a lo largo de los siglos, pues, con ánimo de independizar su provincia de al-Ándalus, corrió a Aquisgrán a solicitar la ayuda de los carolingios con la promesa de repartir con ellos su Marca. Pero lo mismo que sucedió con la Hispania visigoda estuvo a punto de sucederle a Zaragoza, porque Carlomagno se apresuró a venir con su ejército, atravesando los Pirineos y cercando Zaragoza no precisamente para entregar la

Según las leyendas, Roldán perdió la vida al atravesar Roncesvalles a la retaguardia del ejército de Carlomagno. Esta miniatura de la *Chanson de Roland* muestra a Carlomagno llorando al caballero Roldán. Pertenece a las *Grandes Chroniques de France* del siglo XIV.

plaza a Ibn al-Arabí, sino para poner su bandera en el lugar más alto de la ciudad. No lo consiguió y además le costó perder parte de su ejército. Advertido de que los sajones se habían levantado en armas durante su ausencia, Carlomagno tuvo que abandonar su objetivo de Zaragoza para regresar a Francia; aprovechando esa circunstancia y dado que, antes de cercar Zaragoza, los francos habían saqueado Pamplona, los vascones decidieron tomarse la revancha atacándoles cuando atravesaban los Pirineos. Carlomagno no solamente no consiguió Zaragoza, sino que perdió Pamplona y, además, la retaguardia de su ejército que iba al mando de Roldán quedó sepultada en Roncesvalles, al menos eso es lo que cuentan las leyendas.

Según otras leyendas, Roldán encontró la muerte en el valle de Ordesa, en el paraje que desde entonces se llamó «la Brecha de Roldán». Desde entonces, bardos y rapsodas cantaron y recitaron distintas versiones de su derrota y su muerte en la *Canción de Roldán,* donde se narra cómo perdió su vida, su cuerno de caza Olifante y su espada Durandarte, que quedó clavada en dura roca: «Baja san Miguel del cielo, con san Gabriel y un querube y entre los tres, al fin, sube el alma del conde». Así cantaron los franceses, que los españoles no anduvieron con tantos remilgos: «Mala la hubisteis, franceses, en esa de Roncesvalles».

LOS GIGANTES DEL ESPÍRITU

Hemos dejado en Siria a los dos hijos mayores de Abderramán I. Aunque parece que su padre los hizo venir a al-Ándalus una vez asentó su poder, lo cierto es que a quien designó como sucesor fue a su hijo andalusí Hicham o Hixén, al que educó con esmero para que continuase su obra no sólo ya política y militar, sino cultural.

La primera obra arquitectónica importante que se erigió en al-Ándalus fue la mezquita de Córdoba. Fue Abderramán I quien la construyó sobre la iglesia de San Vicente, a orillas del Guadalquivir. Aunque su modelo fue la grandiosa mezquita de Kairouán a la que, por cierto, más tarde superó y eclipsó, su inicio fue más modesto, pues únicamente se construyeron once naves frente a las diecisiete del modelo. Almanzor la terminó ya en el siglo X, convirtiéndola en lo que es hoy, la mezquita más grande de Occidente y uno de los monumentos religiosos más grandes del mundo, con sus veintidós mil doscientos cincuenta metros cuadrados que superan en tamaño a la misma basílica de San Pedro *in Batecanum.*

Pero Abderramán I no se contentó con una obra religiosa, sino que le agregó una madraza donde los niños pudieran aprender a salmodiar el Corán. Creó también la Ceca, la casa de la moneda, donde se acuñaron dinares de oro, dirhams de plata y monedas de cobre. Erigió palacios, construyó almunias, es decir, quintas de recreo con huertas y jardines, algunos de los cuales él mismo cuidó. Y, para poblar tantas maravillas, trajo de Siria a sus hijos e invitó a intelectuales, artistas y científicos de su tierra natal a compartir su nuevo paraíso, que adornó también con palmeras sirias, que según dicen echaba tanto de menos que mandó colocar una junto a la ventana de su dormitorio.

Los sabios, filósofos y poetas que vivieron en Córdoba crearon el espíritu grandioso que animó todo el progreso científico y técnico, sin separar las artes ni la ciencia de la sabiduría ni de la fe. En Córdoba, las culturas musulmana, judía y cristiana se reunieron para crear ese espíritu y para rezar, cada uno desde su lugar de culto, al mismo dios. Pero esta situación idílica no se dio hasta los tiempos del primer califato de Córdoba, el que creó Abderramán III en el siglo x. Y tampoco duró tanto como hubiera sido deseable.

EL BARRIO DE LOS ANDALUCES

Después de Abderramán I, seis emires se sucedieron en el gobierno de Córdoba sin decidirse a proclamar la independencia total del califa de Bagdad. Durante este período, abundaron los enfrentamientos internos y externos porque los abasíes no se conformaron con la vuelta de los omeyas al poder. Fue en tiempos de Abderramán II, en el año 822, cuando las dos familias dejaron de hostigarse, precisamente al morir el más grande de los califas de Bagdad, Harun al-Rashid, el sultán de *Las mil y una noches*.

Pero las hostilidades que no vinieron de los abasíes vinieron de las Marcas, sobre todo cuando los emires eran muladíes, es decir, cristianos convertidos al islam que, muy probablemente y como ya dijimos, se habían convertido sin convicción y solamente por las facilidades que los musulmanes les otorgaban. Una historia o leyenda, pues en estos casos nunca se sabe con seguridad, cuenta la matanza que llevó a cabo el emir muladí de Toledo, que primero se ganó la confianza de los altos personajes toledanos para después tener ocasión de asesinarlos a todos juntos en un banquete traidor, sospechosamente similar a aquel que utilizaron los abasíes contra los omeyas. Si echamos un vistazo a la historia, encontramos muchas escenas similares de cenas y banquetes en las que los invitados mueren a manos de su anfitrión. En el caso de la nobleza toledana, dicen que sucedió durante el segundo año del gobierno de al-Hakem I, por tanto en el año 797. Tras la matanza, el traidor muladí arrojó los cadáveres a un foso.

También durante el gobierno de al-Hakem I se produjo el famoso Motín del Arrabal, una algarada instigada por los alfaquíes descontentos con la política tributaria abusiva, que desató una enorme violencia en el arrabal cordobés. El resultado fue terrible. Se habla de trescientos revoltosos crucificados y veintitrés mil familias expulsadas de sus viviendas, que fueron pasto de las llamas a manos de las tropas mercenarias del emir.

Un gran número de aquellos infelices que vieron arder sus casas con todas sus pertenencias huyeron despavoridos del país y se refugiaron en Marruecos, donde el emir Idris II los acogió con gran satisfacción, puesto que en aquellos momentos estaba llevando a cabo la repoblación del Magreb. Los exiliados se instalaron en la ciudad de Fez, donde dieron nombre a un barrio artesano que todavía hoy se conoce como «barrio de los Andaluces».

El Barrio de los Andaluces, en Fez, se pobló con los
expulsados del Motín del Arrabal, en tiempos de al-Hakem I,
que fueron bien acogidos por el emir de Marruecos.

Los hijos mayores de Abderramán I, por cierto,
se enfrentaron a su hermano menor, una vez que este
ocupó el gobierno de al-Ándalus a la muerte del padre,
pero Hicham los venció en una batalla librada cerca
de Toledo y, generoso, les permitió marchar al Magreb
llevando consigo todas sus pertenencias.

El campo de la estrella

Otro de los sucesos importantes que tuvo lugar en
tiempos de al-Hakem I fue el hallazgo de los restos del
apóstol Santiago en un sepulcro gallego, en el paraje
que después se llamaría Campo de la Estrella, más
tarde traducido al gallego y comprimido, Compostela,
porque sus descubridores aseguraron que fue una estrella brillante la que les mostró el lugar del enterramiento.

121

La leyenda del hallazgo de los restos de Santiago en Galicia
supuso un enorme aliciente para impulsar la reconquista.
José Casado del Alisal, *Santiago en la batalla de Clavijo.*
Basílica de San Francisco el Grande, Madrid.

Los historiadores no se ponen de acuerdo al
respecto. Para unos, como Américo Castro, el hallazgo
fue una invención muy oportuna en aquellos momentos.
Para otros, como fray Justo Pérez de Urbel, fueron reliquias que los mozárabes llevaron a Galicia desde Mérida.

No parece en absoluto probable que los restos del
apóstol Santiago, cuya existencia únicamente avalan
escritos religiosos, pudieran llegar por mar ni por tierra
desde Jerusalén, donde murió a manos de Herodes Agripa
según *Los hechos de los apóstoles,* hasta España. En todo
caso, fue un hallazgo muy feliz. Por un lado, la religión
cristiana se vio muy reforzada a raíz de aquel hallazgo
y la supuesta presencia de Santiago fortaleció a más de
un espíritu debilitado o remiso y contribuyó a exaltar el
patriotismo religioso del mundo mozárabe y cristiano.

SANTIAGO DE COMPOSTELA

Todos los países cristianos quisieron tener en su historia la visita de un apóstol que consolidara las reliquias, los santuarios y las peregrinaciones. Los venecianos aseguraron haber recibido los restos de san Marcos desde Alejandría y el mismo Iván el Terrible llegó a señalar que Rusia había recibido la fe cristiana de san Andrés, el hermano de san Pedro, que pasó por Kiev, predicando, camino de Roma. El supuesto hallazgo de los restos de Santiago en Compostela y su pretendida presencia en la legendaria batalla de Clavijo sirvieron para establecer el Voto de Santiago, que obligaba a los cristianos a pagar un impuesto especial al arzobispado compostelano recibiendo, a cambio, la inestimable ayuda del Apóstol en las batallas contra el moro.

Por otra parte, las peregrinaciones medievales fueron una forma de hacer penitencia y de obtener indulgencias, así como una saneada fuente de ingresos para la Iglesia, ya que, además de las donaciones y limosnas, mucha gente adinerada se libraba de la peregrinación pagando al santuario de destino los gastos que hubiera costado el viaje.

El obispo don Diego Gelmírez debió de advertir la utilidad de desviar a Galicia una buena parte del flujo de peregrinos que iban a Jerusalén o a Roma, lo que le llevó a iniciar, junto con el abad Hugo de Cluny y la aquiescencia del papa Gregorio VII, la construcción de monasterios, albergues y caminos entre Francia y Galicia para atraer a los peregrinos a Compostela, dejándonos la incomparable maravilla del Camino de Santiago. Las descripciones de los peregrinos sobre la ruta compostelana constituyeron la primera guía turística de nuestro país.

En tiempos de al-Hakem I, la religión musulmana, siempre abundante de ideologías e interpretaciones discrepantes, obligó al emir a tratar de unificar doctrinas y ritos en evitación de disensiones y revueltas. Los matrimonios mixtos, muy frecuentes, fueron otra fuente de herejías para ambas religiones porque los cónyuges, al tolerar cada uno la religión del otro, mezclaron dogmas y liturgias, lo que dio lugar al surgimiento de una nueva religión que un tal Ibn Marwan el Gallego fundó en Extremadura y que recogía los principios de las tres religiones: el islam, el cristianismo y el judaísmo.

Abderramán II, emir de Córdoba que sucedió a al-Hakem I y gobernó entre el año 822 y el 852, se significó por su cultura y su tolerancia. En cuanto a lo primero, hizo lo posible por seguir el modelo de la época, es decir, Bagdad, una ciudad que contaba con más de setecientos mil habitantes y, como dijimos, se consideraba el centro del mundo, al menos del mundo musulmán, porque el centro de la cristiandad seguía estando en Constantinopla.

En su interés por imitar a Bagdad, Abderramán II adoptó las costumbres de los persas sasánidas, que eran las que se seguían en la capital del islam y, con ello, implantó novedosísimas y rompedoras modas que permitieron lo impensable, por ejemplo que las mujeres del harén llegaran a participar en la política y que el arte reconociera valores como el del músico Ziryab, que dejó pequeña la fama de aquel cantor de la corte de Sukayna, Umar ben Alí Rabia, pues llegó a ser en el mundo árabe tan célebre como lo fuera Farinelli en la Europa ilustrada del Barroco, cuando los reyes y los papas se disputaban su arte llegando, según se dice, a interrumpirse una batalla entre Cristina de Suecia y Segismundo de Polonia para que la carroza del celebérrimo *castratto* pudiera atravesar sin peligro la línea de fuego.

En cuanto a su tolerancia religiosa, Abderramán II hubo de enfrentarse a situaciones insólitas para él, pero que ya habían tenido lugar siglos atrás en tiempos de la dominación romana. Los musulmanes, como los romanos, fueron siempre tolerantes con las religiones ajenas, reservando los primeros su intolerancia para las herejías surgidas en el seno de su comunidad. La intolerancia de los musulmanes hacia el cristianismo empezó, como la de los romanos, cuando comprobaron que la religión se convertía en un peligro para la unidad política, social o territorial. Si las persecuciones romanas fueron siempre políticas, nunca religiosas, las de los musulmanes, que se iniciaron en el siglo XI, tuvieron la misma índole. Los romanos persiguieron a los cristianos cuando estos amenazaron la paz de sus dioses y la paz de Roma. Los musulmanes los persiguieron cuando el número de mozárabes creció lo suficiente como para iniciar rebeliones y prestar apoyo importante a las tropas cristianas del norte de la península.

Hemos visto a los mozárabes convivir con los musulmanes y los judíos, en concordia, compartiendo incluso sectores de poder en los estamentos del gobierno cordobés. Sabemos que tanto los cristianos libres como los esclavos gozaron de derechos, principalmente en cuanto al ejercicio de su religión, aunque tuvieran que compartir los centros de culto con los musulmanes. Sabemos que aquellas leyes de moros no se cumplieron a rajatabla, excepto en épocas o situaciones de excepcional fanatismo e intransigencia.

Según cuenta el historiador Juan Vernet, esa misma tolerancia de los musulmanes hacia el cristianismo hizo temer a algunos fanáticos cristianos, como los santos Álvaro y Eulogio citados en el capítulo 2, que aquella balsa de aceite pudiera poner en peligro la fe de sus correligionarios y diera lugar al contagio y a la apostasía que denunció siglos después Menéndez y Pelayo. En evitación de esta posibilidad, los mencionados santos dieron en instar a los mozárabes que atacasen al islam, profiriendo insultos y blasfemias contra su Profeta. Algo similar hicieron los cristianos romanos cuando convirtieron en demonios a los dioses venerados por Roma y destruyeron las imágenes que los romanos llevaban en procesión. Imaginemos lo que le sucedería al exaltado que se atreviese a atentar contra una imagen venerada por el cristianismo durante una procesión o se permitiese proferir un insulto hacia una figura cristiana.

El citado autor señala que Abderramán II hizo lo posible por evitar aplicar la pena capital que el Corán impone a los blasfemos, pero que terminó por ejecutar a cincuenta y tres cristianos. Una vez ejecutados, se convirtieron en mártires y numerosos mozárabes acudieron desde todas partes a recoger sus reliquias para llevarlas a las iglesias que los cristianos del norte iban erigiendo o reconstruyendo. Aquel movimiento supuso una señal de peligro para el emir que, lejos de recrudecer las persecuciones como los cristianos demandaban en su fanatismo por alcanzar cuanto antes la palma del martirio, recurrió al obispo Recafredo para que celebrase un concilio en el que se proclamase que la Iglesia no consideraría mártir a quien se entregara voluntariamente al suplicio, pues es sabido que el cristianismo reprueba el suicidio. Varios autores citan a un tal Gómez, una especie de secretario que fue el verdadero autor de los argumentos utilizados en el concilio para demostrar que quien actuara como aquellos fanáticos suicidas no merecía la corona de mártir.

Tanto los escritos de Álvaro de Córdoba como los de Eulogio, párroco de San Zoilo, citan a este obispo como un instrumento del islam en contra de los cristianos. A él y al secretario Gómez acusan estos autores de «impugnadores de los mártires».

El historiador Francisco Javier Simonet, en su *Historia de los mozárabes de España,* da cuenta de los mártires, de sus nombres y de los suplicios a los que fueron sometidos por confesar ante el tribunal del islam la divinidad de Cristo. De ellos dice este autor que fueron mártires voluntarios y que se mostraron invencibles porque cifraban su triunfo en la muerte, a la que se entregaban «denostando a Mahoma sin necesidad».

Cuenta también Simonet que el obispo Recafredo era «más cortesano y amigo de complacer al emir de lo que convenía a su cargo pastoral» y que era contrario a los mártires y a los cristianos fervientes, según lo censura Álvaro de Córdoba.

El *Memorial de los santos* y el *Documento martirial* que san Eulogio escribió hacia el año 850 están repletos de descripciones espeluznantes de los terribles martirios que sufrieron los soldados de Cristo. Recuerdan, punto por punto, los horrendos suplicios que los predicadores cristianos de la Alta Edad Media describían a los catecúmenos para demostrar la fuerza de la fe cristiana. La fortaleza ante las espantosas torturas junto con los increíbles milagros obrados por los santos fueron dos argumentos muy utilizados para cristianar a los paganos medievales.

En tales casos, los santorales señalan que los mártires, tanto hispanos como romanos, lo fueron única y exclusivamente por hacer pública su fe cristiana. Suponemos que, de haber sido así, no habrían quedado cristianos en Roma ni mozárabes en al-Ándalus. Ni judíos, probablemente. Más digno de crédito es el argumento que muchos autores destacan narrando el momento en que los mártires se presentaban ante el cadí no sólo para profesar su fe en Cristo, sino para reprobar los errores de su falso y torpe profeta.

Líbrenos Dios de la furia de los hombres del norte

En el siglo IX, las costas de al-Ándalus sufrieron nuevas invasiones y aquella vez el desafío recayó sobre Abderramán II. Hacía tiempo que las poblaciones costeras o próximas a ríos caudalosos veían con sorpresa y terror surgir de las aguas, como por arte de encantamiento, barcos largos y ligeros pintados de vivos colores, con elevadas proas y popas rematadas por espantables dragones cabelludos de dos cabezas y otros monstruos similares esculpidos. Gigantescos marineros abandonaban

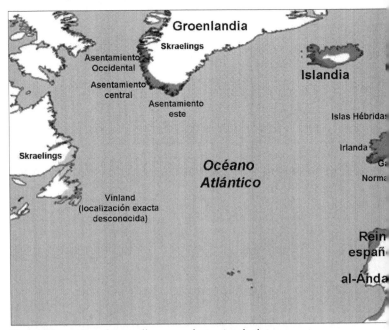

En el siglo IX, los vikingos llegaron a la península ibérica obligando a los musulmanes a erigir atarazanas para su defensa.

prestamente los remos para tomar las armas y desembarcar, blandiendo afiladas espadas de puños damasquinados y mostrando bajo los yelmos de hierro y bronce feroces cataduras cubiertas por barbas rubias o rojizas.

Nómadas del mar, los vikingos daneses llegaban en pos del sol, buscando un asiento por el que cambiar la noche interminable de su helada Jutlandia y en el que rehacer su maltrecha economía. Habían desarrollado técnicas depuradas de navegación ligera de poco calado, que les permitían recorrer las costas y remontar los ríos para someter a las poblaciones al saqueo más encarnizado, destruyendo y asolando lo que no podían hacer

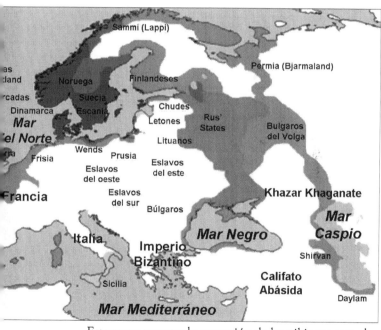

Este mapa muestra la expansión de los vikingos entre los siglos VIII y XI.

objeto de su pillaje. Viajaban en *karfi,* barcos de madera con larga quilla, casco de tablones de fondo reforzado, alto mástil central y vela cuadrada.

No les había sido muy difícil tomar Nantes y saquear Toulouse, a la que accedieron remontando el Garona y, desde allí, la península ibérica resultó pan comido. Ávidos de tierra cálida, llegaron a ella en el año 844, saqueando Gijón y remontando la ría de Arosa, para continuar hacia el sur, pillando y destruyendo Lisboa y cuanto a su paso encontraron. El 29 de septiembre, los tripulantes de ochenta bajeles de costa remontaron el Guadalquivir y sometieron a Sevilla a siete días de saqueo que quedó impune.

Pero los normandos[12] estaban acostumbrados a habérselas con pacíficos campesinos o pescadores de las villas costeras y no habían contado con la disciplina militar de los «hombres azules»[13], una disciplina mantenida a base de guerrear diariamente entre tribus, entre familias o contra las mesnadas cristianas que venían a hostigarles desde la tierra de nadie.

Para dejar constancia ante la historia, Abderramán II organizó un gran ejército que derrotó a los vikingos en Tablada el 11 de noviembre de aquel mismo año. Y para mantenerlos alejados para siempre, mandó construir atarazanas en varios puntos importantes de la costa, así como fortificaciones en las desembocaduras de los ríos, llamadas *ribat,* que fueron lugares donde alternar el retiro espiritual con el adiestramiento militar, actividades similares a las

---

[12] La palabra «normandos» es la castellanización de *Nord Männer,* que significa 'hombres del norte'.

[13] Nombre que los vikingos dieron a los moros de tez oscura o de tez clara manchada por el turbante desteñido por el sudor de la guerra. Hay quien señala que este nombre alude al turbante azul de los tuaregs.

de las órdenes militares que los cristianos fundaron tiempo después en Tierra Santa[14].

Durante sus incursiones por el Índico, los musulmanes habían observado la vela triangular que adecuaba la navegación de los barcos indios y malayos al régimen de vientos monzónico, ciñendo como nunca lo hubieran logrado los barcos griegos y romanos de vela cuadrada, apta para los vientos del Mediterráneo. Si los griegos y romanos se arreglaban en el Mediterráneo ofreciendo sacrificios a los dioses para que hicieran rolar los vientos, los navegantes del Índico no podían, evidentemente, esperar seis meses a que cambiasen los monzones y por ello utilizaban velas triangulares.

Los barcos de vela triangular empezaron por convivir y terminaron por sustituir en gran parte a las naves romanas de aparejo redondo (vela cuadrada) y, cuando el Mediterráneo se pobló de naves musulmanas de aparejo cuadrado (vela triangular), los hombres de mar dieron en llamarle aparejo latino.

Un adorno para las murallas cordobesas

Abderramán II murió vomitando sangre, probablemente debido a una cirrosis, aunque más de uno aseguró que había sido envenenado. Aquella muerte aparatosa sirvió a los cristianos exaltados para proclamar el castigo del cielo caído sobre el infame verdugo.

Murió a los sesenta y cinco años, dejando a su muerte amplio testimonio de su virilidad, con cuarenta y cinco hijos varones y otras tantas hijas. Pero el heredero

---

[14] Las órdenes militares de monjes soldados se crearon en el siglo XII para proteger el Santo Sepulcro, cuidar de los enfermos y amparar a los peregrinos. La Orden del Temple se llamó así porque nació junto al Templo de Salomón.

que en su día designó y que le sucedió en el gobierno fue Muhammad I, de treinta años y tan rubio y blanco como su antecesor, Abderramán I. Además de rubio y de tez sonrosada, Muhammad I era aficionado a los afeites y a los tintes, algo bastante popular entre los musulmanes y que no tenía significado negativo alguno en cuanto a la hombría, como hubiera sucedido entre los cristianos. Precisamente, las crónicas cristianas muestran a este emir como extremadamente belicoso y sanguinario, mientras que las crónicas árabes dicen que fue pacífico y amante de la cultura.

En su tiempo, se recrudecieron las revueltas de los mozárabes cordobeses, incitados al enfrentamiento y al martirio por un tal Esperaindeo, que fue abad del monasterio de Santa Clara y que dejó una obra titulada *Apologético contra Mahoma*. De él fueron discípulos los mártires cordobeses antes citados, Eulogio y Álvaro, y lo fueron precisamente por blasfemar en público contra Mahoma y contra el islam.

Para terminar con los agitadores, Muhammad I no recurrió como su padre a un concilio, sino que hizo matar a los cabecillas, lo que le valió no solamente la fama de sanguinario, sino el ataque de los cristianos de Toledo, que acudieron en masa a vengar a sus correligionarios, llegando a tomar Calatrava y a derrotar en Andújar a las tropas del emir.

Naturalmente, la represalia no se hizo esperar. Muhammad I envió un ejército a Toledo que trajo de vuelta a Córdoba un espantoso trofeo con el que engalanar las murallas, consistente en ocho mil cabezas de cristianos, si bien es cierto que el número de musulmanes muertos en la batalla alcanzó los siete mil.

En vista de tales cifras, el rey de León, que era entonces Alfonso III el Magno, decidió establecer un tratado de paz, enviando a Córdoba una embajada a la que agregó a un clérigo, un tal Dulcidio, que hablaba árabe de forma fluida para evitar malentendidos. Su buen hacer no solamente obtuvo la firma de la paz, sino el permiso para recoger las reliquias de los mártires que el clérigo llevó consigo de vuelta a Oviedo.

Aquella paz no duró mucho, pues eran tiempos de cambios, enfrentamientos y luchas por el poder dentro y fuera de los límites de cada reino. Si los cristianos luchaban entre sí y a veces recababan el auxilio de tropas musulmanas, los musulmanes, como hemos visto, tampoco les andaban a la zaga.

En el año 886 murió Muhammad I habiendo designado sucesor a su hijo al-Mundir, que retomó las hostilidades llegando hasta las puertas de Zamora, donde fue vencido por las tropas de Alfonso III el Magno. Y, para completar la mala racha, al poco tiempo se produjo en Córdoba la rebelión de los muladíes, hijos de padres musulmanes y madres cristianas nacidos en al-Ándalus pero probablemente más apegados a las tradiciones de sus madres que a las del islam. Muladíes eran también los antiguos cristianos convertidos al islam que, como sucedía entre los cristianos con los judíos y musulmanes conversos, estaban siempre bajo sospecha y eran considerados musulmanes de segunda clase, aunque hemos visto a algunos de ellos gobernar Marcas tan importantes como Zaragoza.

OTRA REBELIÓN, LA DE LOS MULADÍES

En aquella época de revueltas y levantamientos, solamente quedaban los muladíes por rebelarse y lo hicieron al mando de una especie de bandido generoso llamado Umar ben Hafsun, descendiente de una familia noble cristiano-visigoda que por ello mantenía relaciones con la nobleza tanto cristiana como musulmana. Bajo su mando se reunió un buen número de descontentos muladíes, junto con muchos mozárabes que siempre esperaban el momento para enfrentarse al islam, sobre todo a partir de aquella moda de insultar al Profeta que impusieron los cristianos fanáticos de Córdoba. Bien pudieron sumarse grupos de judíos, siempre descontentos y siempre chivos expiatorios de la población por los males sucedidos, y además a ellos se unieron los nobles árabes enfrentados al emir de Córdoba, pues, cualquiera que fuese la familia gobernante, ya vimos que no le faltaban enemigos.

Umar ben Hafsun se atrincheró en un lugar llamado Bobastro, al parecer en los parajes inexpugnables de Ronda, desde donde realizó incursiones atacando ciudades andalusíes y llegando a la misma Córdoba, hasta que consiguió apoderarse de una buena parte del sur de Andalucía.

Fue Abderramán III quien le venció definitivamente ya en el año 917, ocupando su refugio de Bobastro y apresándole junto con sus hijos. Hay que decir que a esta victoria contribuyó en gran manera el hecho de que Umar ben Hafsun decidiera un buen día abjurar del islam y volver al cristianismo de sus ancestros, lo que le costó el abandono y probablemente alguna traición de los musulmanes que le seguían.

Mi amor hará que nieve

Las leyendas se repiten para ensalzar, según cada narrador, a un protagonista distinto. En su libro *Patronio y el Conde Lucanor,* cuenta el infante don Juan Manuel la leyenda de Abenabet, rey de la taifa de Sevilla, cuyo gran amor por su esposa Ramayquia le llevó a satisfacer todos y cada uno de sus caprichos, que fueron al parecer numerosos y difíciles de complacer. Uno de ellos atañe a Córdoba, donde la hermosa vio nevar por primera vez en su vida durante un mes de febrero. Como Córdoba no es precisamente tierra de nieves, Ramayquia se echó a llorar cuando supo que probablemente no volvería a ver blanca la sierra cordobesa. El enamorado rey mandó plantar almendros en toda la sierra para que su amada esposa pudiera ver la montaña nevada en febrero, ya que no de nieve, de flores blancas.

Esta misma historia se cuenta de la amada de Abderramán III, Azahara, a quien el califa prometió: «Nevará para ti, Azahara, mi amor hará que nieve». Y plantó de almendros las montañas de Sierra Morena, vistiéndola de blanco como a una novia.

Esta leyenda narra en realidad un secreto de amor. Es cierto que los musulmanes apartan a sus mujeres de la vida pública, las libran de responsabilidades y nunca las muestran en público. A cambio, les dedican todo su amor y toda su poesía.

Abderramán III era el nieto preferido del emir Abdallah, que murió de melancolía en el año 912, habiéndole designado como su sucesor. A la muerte de su abuelo, tenía veintidós años y había heredado de su madre de origen franco el pelo rubio y los ojos azules. Muchos de los monarcas andalusíes tuvieron ese aspecto, como vemos. Recordemos que los invasores de la península no trajeron mujeres y todos se casaron con hispanas o visigodas. Siglos después de la invasión, seguían casándose con cristianas pero el Corán les permitía además mantener numerosas concubinas, elegidas incluso entre cautivas y esclavas, como la madre de Abderramán I, de diferentes razas y orígenes.

Durante los cuarenta y dos años de reinado de Abderramán III, nueve reyes cristianos se sucedieron en el trono asturleonés, dándose enormes diferencias entre el modo de vida suntuoso y refinado de los árabes y el modo humilde y austero de los cristianos. En el siglo XIX, Zorrilla supo describir estas diferencias en su poema *Oriental,* que narra el amor de un capitán moro por una dama cristiana a la que rapta y lleva consigo a Granada. Como ella no cesara de llorar en todo el trayecto, el moro le presenta un mundo de lujo y refinamiento, el mundo de al-Ándalus, donde reinan el agua y las flores, que pondrá a sus pies si ella decide amarle:

> Tengo un palacio en Granada, tengo jardines y flores,
> tengo una fuente dorada con más de cien surtidores,
> [...]
> Yo te daré terciopelos y perfumes orientales,
> de Grecia te traeré velos y de Cachemira chales.
> [...]

Pero la cristiana no cede y argumenta que sus torres de León valen más que la Granada de los moros, a lo que el capitán responde con una lágrima en la mejilla:

> Si tus castillos mejores que nuestros jardines son
> y son mejores tus flores por ser tuyas en León
> y tú diste tus amores a alguno de tus guerreros,
> hurí del Edén, no llores, vete con tus caballeros.

La ciudad efímera

Abderramán I se separó de Bagdad, como vimos, pero no fue más allá de la ruptura política y tributaria, no atreviéndose con la ruptura religiosa. Asumir el título de califa suponía declararse sucesor del Profeta y, como sucede con el papa católico, solamente podía haber uno. Sin embargo, a Abderramán III las circunstancias se le mostraron favorables y él sí supo aprovechar el momento para romper definitivamente con el califa de Bagdad.

Una de las muchas revueltas y levantamientos que se producían en todo el mundo islámico tuvo lugar en Tunicia, donde un emir fatimí llamado Ubaid Alá al-Mahdi tuvo la osadía de alzarse contra el califa y autoproclamarse califa. Y, puesto que ya había dos, Abderramán III consideró que bien podía haber tres e hizo lo mismo, declarándose califa pero no de todos los creyentes, sino solamente de al-Ándalus, y adjudicándose el título de al-Nasir Li-din-Alá, 'el Victorioso por la gracia de Dios'.

Como todos sus antecesores, Abderramán III tuvo que enfrentarse a numerosos enemigos internos y externos. El califa tunecino, que avanzaba por el Magreb para anexionarse territorios, envió elementos propagandísticos a los musulmanes de al-Ándalus, tratando de ganarlos para su causa, ante lo cual, Abderramán III se apoderó de las plazas de Ceuta y Melilla y emprendió contra el de Tunicia una batalla naval en el Mediterráneo, enfrentamiento que terminó cuando los fatimíes lograron apoderarse de Egipto y desplazaron hacia Oriente su centro de atención, desentendiéndose de lo que sucediera en Occidente.

Esto, en cuanto a la guerra en el exterior. En el interior, Abderramán III fue el primer mandatario musulmán que advirtió la importancia que iban adquiriendo los reinos cristianos del norte de la península y el peligro que ya suponían para la integridad de al-Ándalus. Probablemente lo advirtió al perder en Simancas una batalla contra el rey de León Ordoño II, tras lo cual el flamante califa cordobés cambió de política y, en lugar de nuevos enfrentamientos, ofreció amistad al rey cristiano, invitándole a visitar las maravillas de Córdoba, sobre todo la nueva ciudad que había mandado construir, Madinat al-Zahara, la 'Ciudad de la Flor' hoy conocida por Medina Azahara, que eclipsó el brillo de Córdoba y de Bagdad, pudiendo únicamente compararse en esplendor, tamaño y belleza a la Constantinopla bizantina (algunos aseguran que la superó); también mantuvo con este rey relaciones e intercambio de artistas, científicos y filósofos.

En el año 936, Abderramán III mandó construir la descomunal ciudad de Medina Azahara, dicen que por amor a su favorita, Zhara, a cinco kilómetros de Córdoba, al borde de Sierra Morena. También dicen que los mármoles rosados del palacio procedían de una iglesia bizantina expoliada en el Magreb. Su construcción duró veinticinco años, pero la muralla rectangular de setecientos por mil quinientos metros terminó de edificarse en el 976, ya muerto el califa. En todo caso, duró mucho más que la ciudad, pues Medina Azahara, que fue la «flor» de Occidente, que mantuvo un lujo, un refinamiento y un protocolo que poco o nada tenían que envidiar a los de Constantinopla y cuyos salones fueron escenario de embajadas tan importantes como las que enviaron Constantino VII Porfirogeneta y Otón I el Grande, no llegó a cumplir los cuarenta años después de terminada. Fue destruida y saqueada, «por los celos y la furia de Dios», durante el período de anarquía que reinó en Córdoba entre 1008 y 1013 y que terminó con el califato para dar paso a los reinos de taifas.

De los monumentos importantes que, en los tres siglos de su reinado, construyó la dinastía Omeya en al-Ándalus, el único que realmente se ha conservado es la Mezquita de Córdoba. De la de Sevilla queda solamente una de sus torres, la Giralda, y de aquella suntuosa ciudad construida en honor de la bella Flor de Azahar, no quedan más que ruinas que, aunque conservan la magia de su tiempo, poco muestran del esplendor que vivió entre sus muros y que los cronistas árabes y cristianos describieron para dejarnos, al menos, una idea de lo que allí hubo. Nada queda que recuerde la Fuente del Cisne, un regalo del emperador de Bizancio donde figuras de oro nadaban en agua perfumada, nada de la estatua que representaba a la favorita ni de los mármoles de mil colores ni de las maravillas que narraron los viajeros.

Cuentan que en aquella ciudad, capaz de deslumbrar al visitante por la magnificencia de los juegos de luces que provocaba el sol jugando con las piedras y los metales preciosos, predominaba el blanco sobre los múltiples colores de los mármoles traídos de todas partes del mundo y que, admirando el contraste que producía sobre el fondo oscuro de Sierra Morena, la hermosa Flor de Azahar comentó: «¡Parece una blanca doncella en brazos de un etíope!».

Hay autores que admiten que tales portentos pudieran estar más en la imaginación de los narradores que en la ciudad real, dado que algunas de las descripciones datan del tiempo en que ya había sido destruida. No lo sabemos. Lo que sí sabemos es lo que escribió en el siglo X el poeta cordobés Ibn abd Rabbih: «al-Ándalus está cubierto de gloria por obra de un omeya que ha domesticado a las aves de rapiña y ha amansado a las fieras».

Dice la crónica califal de Ajbar Machmúa que Abderramán III reunió «una corte de hombres eminentes y de ilustres literatos como no habían reunido jamás otros reyes, siendo a la vez personas de purísima conducta y vida ejemplar».

El pintor catalán Dionis Baixeras representó, en 1885, el esplendor de la corte de Abderramán III. El motivo del cuadro, que se conserva en el Museo del Paraninfo de la Universidad de Barcelona, es la recepción que se hizo en Medina Azahara al embajador del emperador alemán Otón I el Grande, un monje llamado Juan de Gorze, que describió a su vuelta las maravillas que había visto y contó, además, el sofisticado protocolo de la corte califal.

La corte de Abderramán III, Dionis Baixeras,
Universidad de Barcelona.

Representa la recepción al monje Juan Gorze,
embajador de Otón I.

Pero Juan de Gorze no fue el único monje embajador en Medina Azahara. Allí dice Ibn Hayyan que también recibió el califa la visita de otro monje, Nicolás, procedente de Constantinopla y portador del manuscrito original de la *Materia médica* de Dioscórides, para que enriqueciese su espléndida biblioteca. No cabe duda de que el monje Nicolás no se maravilló de los refinamientos andalusíes viniendo como venía del lugar más sofisticado del mundo. No así el otro que, procedente de la Europa inculta y analfabeta del siglo x, escribió maravillado: «Los reyes de Córdoba no emplean trono ni silla, sino que se sientan sobre lechos o colchones para conversar o para comer».

Córdoba en los siglos x y xi

Cuando llegaron a tierras hispanas, los musulmanes llenaron de luz y de agua las viviendas oscuras y tenebrosas de los visigodos; llenaron las calles de bazares, de zocos y de gentes ociosas o atareadas, que iban y venían; convirtieron el aire en suma de fragancias, de especias, de aromas orientales; llenaron el ambiente de sonidos guturales, de palabras en mil idiomas distintos, de cantos alegres o tristes, de recitados o de llamadas a la oración: «Despertad, creyentes, la oración es mejor que el sueño».

La sociedad cordobesa musulmana era un crisol de culturas, de razas, de idiomas y de tradiciones; era una sociedad patriarcal y machista, que ocultaba a sus mujeres tras las celosías, los velos o las paredes, y era una sociedad plural en todos los sentidos. Las mujeres se reunían en los baños o en sus casas para alegrarse entre ellas, contarse chismes, comer dulces y hacer música. Los hombres se reunían en la calle, en el zoco o en la alcaicería, en los baños, en las plazas. Cada uno tenía su papel en la sociedad y todos sabían cómo desempeñarlo, aunque algunos transgredieran las normas y se encontraran con los alguaciles; pero esto sucedía en todas las sociedades, en todas las culturas y en todos los lugares.

La calle era del pueblo. Los barrios estaban organizados por gremios y oficios, como era habitual en la Edad Media, pero los oficios que generaban malos olores, como los tintoreros o los ganaderos, debían instalarse extramuros. Los comerciantes pagaban pocos impuestos y voceaban sus mercancías traídas de aquí y de allá. Los juglares, los músicos y los poetas andariegos entretenían a los ociosos para conseguir unas monedas. Las mujeres iban al mercado veladas y acompañadas, pero algunos maridos se excedían en su celo y ellos mismos se ocupaban de comprar. Los niños salmodiaban el Corán en las madrazas hasta que tenían edad suficiente para entrar de aprendices en un taller. Tampoco faltaban ciegos, tullidos y enfermos que pedían limosna y comían gratis en los restaurantes populares, porque la limosna es uno de los cinco pilares del islam. Con limosna o sin ella, los enfermos, los discapacitados o los dementes pedían o alborotaban, pero la sociedad era tolerante con ellos porque Dios los había hecho así.

El número de hijos era señal de prestigio, sobre todo si eran varones. Cada hombre podía tener cuatro esposas y el número de concubinas que su nivel económico le permitiera y, como las mujeres solían tener un hijo al año, los niños se multiplicaban, llenando los hogares y las calles de juegos, de risas y de salmodias. La mayoría de la población era analfabeta, porque los estudios, como dijimos, solían terminar al conocer el Corán y eso solamente era aplicable a los hombres. Sin embargo, aquella era una época de analfabetismo universal del que se salvaban los religiosos y algunos letrados excepcionales. Se dice que Carlomagno aprendió a leer pero no a escribir porque leer le servía para entender los *Evangelios,* pero no necesitaba escribirlos; solamente los clérigos escribían copias de códices y documentos para sus bibliotecas.

La corte era otra cosa. Si seguimos las descripciones de Juan de Gorze, de Ibn Hayyan y de otros cronistas y escritores de la época, podemos conocer el ceremonial que cumplían los embajadores y visitantes del califa y que, si nada tenía que ver con Mahoma y con sus enseñanzas, sí se parecía al de la corte bizantina, con recorridos por pasillos repletos de guardias y sirvientes, entrada al salón del trono descorriendo veladuras y cortinajes, reverencias, besamanos, postraciones, regalos del califa como bienvenida y agradecimiento de los recién llegados. Claro está que el califa no ceñía corona, mientras que el emperador de Bizancio utilizaba coronas distintas según la ceremonia del momento y, además, el *basileus* no solamente debía llevar puesta la corona correspondiente a cada ocasión, sino quitársela y ponérsela en los distintos actos de cada solemnidad, según marcase el protocolo. Además, el califa era el representante del Profeta y el emperador bizantino era el representante del mismo Dios. Había, pues, ciertas diferencias.

La corte califal cordobesa se componía, además de cortesanos, de escribanos, joyeros, reposteros, coperos, halconeros y otros sirvientes. A esto hay que añadir los músicos, poetas, médicos, filósofos y otros científicos que acudían a Córdoba invitados por los califas para ilustrarles y darles brillo a ellos y a quienes con ellos convivían. En el capítulo siguiente hablaremos de la literatura, del arte, de la medicina, de la filosofía y de otras disciplinas que se desarrollaron en al-Ándalus y deslumbraron al mundo entero.

SANCHO EL GORDO

Hemos visto a los visigodos invitar a los bereberes a entrar en Hispania para ayudarles en sus luchas intestinas. Hemos visto también a los musulmanes asociarse a unos o a otros con el mismo fin. Los nuevos españoles surgidos en los territorios que los cristianos iban ocupando o arrebatando a los moros no fueron menos.

Abderramán III tuvo que lidiar con ellos para recuperar dos plazas importantes que los cristianos del nuevo reino de León le habían ganado, Badajoz y Toledo, e incluso estuvo cerca de perder Zaragoza, que sufrió un largo asedio, pero resistió y quedó libre. Perdió como ya se ha dicho una batalla en Simancas contra las huestes del rey de León, Ordoño II, quien contaba con los ejércitos de Navarra, donde la reina Tota ejercía la regencia en la minoría de edad de su hijo García Sánchez; Ordoño contaba también con los ejércitos del primer conde de Castilla, Fernán González.

Los cristianos, como vemos, iban ampliando sus territorios y avanzando hacia el sur, ganando unas batallas y perdiendo otras, pero como también luchaban entre ellos por el poder, tuvieron asimismo que recabar alianzas y los únicos cristianos a los que tenían a mano eran los francos, aunque ya vimos lo que sucedió con Carlomagno; también pidieron ayuda y establecieron alianzas con los musulmanes. A Abderramán III le tocó acudir en auxilio tanto de musulmanes como de cristianos.

Recordemos que los fatimíes se habían apoderado de Egipto y que su tendencia religiosa era chiita. Los suníes egipcios pidieron ayuda a Abderramán III, que pertenecía a su misma ideología, y este no se hizo de rogar. Atravesó con su ejército el Estrecho de Gibraltar y en el año 932 se había apoderado de la ciudad marroquí de Fez, con lo que consiguió dividir en dos el Magreb y hacerlo su vasallo.

En el año 940 murió su esposa favorita, Azahara, sumiéndole en la melancolía y en la desesperación, para las que únicamente encontró algún consuelo distrayéndose en las reuniones artísticas e intelectuales que mantenía su hijo y heredero al-Hakem. Pero en el año 955, un rey cristiano vino a Córdoba a suplicar su ayuda. Sancho, heredero del trono de León y Asturias, había sido expulsado de su reino por los nobles que, no contentos con burlarse de lo que hoy llamaríamos «su obesidad morbosa», le habían sustituido por su primo Ordoño IV. Dicen que la gordura de Sancho era tan desmesurada que le estaba prohibido montar a caballo; sin embargo, en tierras musulmanas perdió peso y recuperó valor, agilidad y energía merced a la amistad que el califa cordobés supo brindarle.

Fue la última hazaña de Abderramán III o, al menos, la última de renombre. En el año 960 repuso a su amigo Sancho en el trono asturleonés, después de vencer en Zamora a Ordoño IV. Al año siguiente, dicen que por haberse enfriado, Abderramán III murió llevando a sus espaldas setenta años de vida y cincuenta de gobierno. Le sucedió su hijo al-Hakem II, fruto de la relación con su concubina Mergán. Con cuarenta y seis años cumplidos, ascendió al trono califal con ideas e intenciones pacifistas, progresistas y artísticas.

Una vasca en el harén

Abderramán III se proclamó califa, pero nunca pretendió ser cabeza espiritual del islam, sino solamente de al-Ándalus, de ahí que lograra mantenerse en el trono califal sin intervención de Bagdad. Córdoba vivió su mayor esplendor en tiempos de al-Hakem II, su hijo, que le sucedió en el año 961 y fue el más culto de los califas. Albergó en su corte de Córdoba a numerosos intelectuales

El califa al-Hakem II, hijo y sucesor de Abderramán III,
mantuvo amistad con intelectuales y poetas, tanto hombres
como mujeres. Puso al frente de la biblioteca de Córdoba
a un eunuco y a una poetisa. Su estatua puede verse en
Córdoba.

y poetas y mantuvo una magnífica biblioteca con seis-
cientos mil volúmenes, a cuyo frente colocó a dos de sus
mejores amigos: el eunuco Tarid como bibliotecario y la
poetisa Lubna como secretaria.

147

Por desgracia, su reinado fue demasiado breve o demasiado ligero para que sus decisiones políticas pesaran en la historia de España, porque pronto abandonó el gobierno en manos de su primer ministro para dedicarse a lo que realmente amaba, los libros, el arte, la música y la ciencia. Entre sus protegidos se cuenta el célebre cirujano Abulcasis, que dejó a la posteridad libros ilustrados con los avanzados instrumentos de cirugía diseñados por él, algunos de los cuales todavía pueden verse en el Museo de las Tres Culturas, situado en la Torre de la Calahorra de Córdoba.

En su tiempo, la farmacia de Medina Azahara, que se nutría principalmente de plantas de sus propios jardines-huertos, disponía de un centro de atención médica para los habitantes de la corte y, también, para la población necesitada de Córdoba. Al-Hakem II creó madrazas, baños públicos y mezquitas y fue tal su amor a los libros que construyó la primera fábrica de papel de al-Ándalus. Amó a su concubina Redhilla, pero no le dio hijos. Ya pasada la cincuentena, tomó por esposa a una cautiva traída de Vasconia muchos años atrás a la que llamaban Subh, que significa 'aurora', aunque los textos castellanos la llaman Sobeya y así la llamaremos.

Sobeya le dio dos hijos, Abderramán, que murió pronto, e Hisham, que sería su sucesor y que traería la desgracia para el califato de Córdoba. Pero Sobeya no solamente fue la madre del heredero, sino la mujer más influyente de su época porque supo intervenir activamente en la política del país ejerciendo el único tipo de gobierno que podían utilizar las mujeres en aquel tiempo, el gobierno de alcoba. Su capacidad política indujo a su marido a darle un nombre familiar de varón, Chafar, nombre que ella utilizó para vestirse de varón y salir a la calle a solas, algo impensable en aquellos tiempos para una mujer. Pero no hay que olvidar que, aunque llevada muy joven a Medina Azahara, Sobeya era de origen vasco-navarro.

LA AMBICIÓN DE UN ESCRIBANO

En el año 929, llegó a Medina Azahara un escribano procedente de Torrox, en la provincia de Málaga. Tenía veinticinco años y se llamaba Ibn Abu Amir Muhammad, aunque la Historia, especialmente la de España, le conoce por su apodo al-Mansur o, más popularmente, Almanzor, que significa 'el Victorioso'.

Almanzor llegó a la villa y corte con muy buenos antecedentes. Su madre, Borahia, era noble y su padre, Abdellah, había sido cortesano y amigo de Abderramán III. Pero su familia sufrió reveses económicos y el joven Almanzor decidió ganarse la vida como escribano. En aquella época de analfabetismo, los que sabían escribir tenían la oportunidad de ganarse la vida ofreciendo sus servicios a la puerta de las mezquitas, para escribir cartas. Y así lo hizo Almanzor hasta que el propio califa supo de sus amplios conocimientos, de su origen aristocrático y, sobre todo, de su admirable inteligencia. No tardó en invitarle a su corte.

Ser escribano en la corte de Medina Azahara debía de ser una delicia. Solamente el uso de los preciosos objetos de escritorio que, al igual que los objetos de tocador, se producían en el obrador de marfil de la ciudad, debía de ser un regalo para la vista y para el tacto. Pero ser escribano, calígrafo o secretario era poco para Almanzor. Él lo que anhelaba era el poder y no se detuvo ante nada para conseguirlo.

A los cincuenta años, al-Hakem II se encontraba viejo, cansado y enfermo y Almanzor aprovechó su debilidad para ganarse su confianza. Él se ocuparía de todo para que el califa pudiera descansar y dedicarse a lo que realmente le interesaba, que era, como dijimos, proteger a artistas, a filósofos y a científicos. No le debió de costar mucho conseguir esa confianza porque pronto ostentó los títulos de administrador de palacio, director de la ceca, jefe de policía y algún otro.

Ganado el califa, solamente le quedaron a Almanzor tres frentes. El primero fue el de la vasca que reinaba en el harén, Sobeya. Para ella, el astuto joven utilizó el amor, ofreciendo la juventud y vigor que ya le faltaban al esposo. Pronto fueron amantes. El segundo frente era el heredero del trono califal, Hisham, que ya dijimos que traería la desgracia. Almanzor empleó el medio más sencillo para inutilizarle, que fue convertirse en su tutor y malcriarlo, concediéndole todos los caprichos y permitiéndole toda clase de vicios y debilidades. El tercer frente era el príncipe al-Mugueyrah (o al-Mughira), hermano del califa que, viéndole débil y enfermo, albergaba la esperanza de sucederle en el trono. Para este, Almanzor no tuvo otro camino que hacerle desaparecer, aunque hubo de esperar a que la muerte de al-Hakem II le dejara el campo libre.

Al-Hakem II murió de un derrame cerebral dejando tras de sí la simiente de una guerra civil. Su heredero, Hisham II, era menor de edad y no podía gobernar, por lo que inmediatamente se organizaron dos facciones contrarias. Una a favor del hermano del califa muerto, al-Mughira, y otra a favor del regente al-Mushafi, que hasta entonces había sido el chambelán. Y esta fue la baza de Almanzor, que acordó con el antiguo chambelán el asesinato del príncipe al-Mughira y el acceso al trono de Hisham II, no solamente menor, sino resultado de la mala educación recibida, débil de carácter, perezoso, flojo e irresponsable. Un rey de paja ideal para el gobierno absolutista que Almanzor quería para sí.

De al-Mughira ha quedado un bello recuerdo, una famosa cajita de marfil con la inscripción siguiente:

«Bendición de Alá, prosperidad, felicidad y contento para al-Mughira, hijo del emir de los creyentes, que Alá perdone». Pero lo más significativo de esta caja no es su inscripción, sino que está adornada con escenas de caza, de la corte y del harén, figuras de damas escuchando el canto de una esclava que se acompaña con un laúd. Es decir, imágenes, figuras de seres vivos que prohíbe el sura V, 92, del Corán: «Absteneos del vino, del juego de azar, de las imágenes y de echar suertes, que son una abominación inventada por Satanás».

Dicen que Almanzor hizo estrangular a al-Mughira delante de sus esposas, después de haberle comunicado la ascensión del nuevo califa al trono. Como jefe de policía que era, simuló un suicidio y echó tierra al asunto. Una vez que Hisham II accedió al poder, Almanzor continuó siendo su tutor y su visir, pero el primer ministro no fue él, sino al-Mushafi. Y este fue el cuarto y último frente a derrotar. Para ello, Almanzor consiguió la alianza del generalísimo, Gadir, poderoso jefe de los ejércitos y, por entonces, gobernador de la Marca de Toledo. Se casó con su hija Asma y luchó junto a él consiguiendo victorias sonadas con un ejército cada vez más numeroso, porque se le fueron uniendo soldados mauritanos, castellanos, leoneses y navarros, con los que realizaba al menos dos campañas anuales. Redujeron a los bereberes que se habían levantado por enésima vez y repelieron a los vikingos, que continuaban intentando invadir aquella tierra soñada.

Acostumbrado a la vida plácida, Hisham II no constituyó un estorbo para el avance de su antiguo tutor, que no tardó en expulsar al único que ya le hacía sombra, al-Mushafi, para adjudicarse el título de primer ministro. Y ya no se le puso nada por delante. La belicosidad del antiguo escribano convertido en dictador fue adquiriendo tintes cada vez más siniestros, alternando las guerras contra el Magreb con las guerras contra los cristianos, quienes precisamente por entonces habían conseguido fundar el condado de Castilla, cuyo segundo conde, García Fernández, llegó a mantener amistad con el propio Almanzor.

A todo esto, mientras el califa se divertía, la reina madre manejaba lo que podía de los asuntos del reino, aunque ya desde el harén al que la relegó su amante; y, mientras Almanzor guerreaba, la expansión de los reinos cristianos continuaba imparable. A los reinos de León, Navarra y Aragón se habían sumado los condados de Castilla y de Cataluña. Almanzor mantuvo también una alianza con el rey de León, Bermudo el Gotoso, a quien ayudó a alcanzar el trono, pero se comportó como tantos otros, dejando sus tropas en el lugar conquistado en vez de retirarlas, lo que acabó con aquella amistad y dio origen a las batallas de Zamora, León y, la más famosa, Santiago de Compostela. Todas ellas coronadas por victorias sarracenas. También convirtió Marruecos en un virreinato de Córdoba, creando Marcas independientes sometidas al califa cordobés como jefe religioso y político.

Los romances hablan de una batalla mítica, Calatañazor, donde el célebre caudillo perdió su atambor. Parece que no fue así. Sí sabemos que Almanzor murió en Medinaceli, en el año 1002, de enfermedad y no de heridas de guerra, habiendo convertido el paraíso terrenal de al-Ándalus en un país militarizado, escenario de continuas batallas campales. La batalla de Calatañazor, en Soria, tuvo lugar hacia el año 1000 entre Almanzor y sus hijos, del lado musulmán, contra Alfonso V, García Sánchez de Navarra y García Fernández de Castilla, a los que el caudillo moro obligó a retroceder mediante una maniobra por la que les hizo creer que llegaban grandes refuerzos. Dado que murió cerca de allí y al poco tiempo de la batalla, se aprovechó la coyuntura para pintarle feneciendo a manos no ya cristianas, sino del mismo Santiago, como castigo por haber arrasado Compostela, aunque en realidad había saqueado el monasterio de San Millán de la Cogolla. En cuanto a la pérdida del tambor, hay que señalar que los primeros en utilizar tambores en la batalla fueron los almorávides, que espantaron con su estruendo a la caballería cristiana y consiguieron así la victoria de Zalaca.

Fue tal el ansia de poder y victoria de Almanzor que llegó a construir una réplica de Medina Azahara a la que llamó Medinat al-Zahira, 'la Ciudad Brillante', tan efímera como su modelo, porque el califa Muhammad II la mandó derruir hasta sus cimientos, para no dejar huella de aquel monumento que representaba a sus enemigos, los sucesores de Almanzor, llamados «almiríes» por la almunia que había construido a las afueras de Medina Azahara.

LA NOCHE DEL DESTINO

Durante la dictadura militar de Almanzor, Córdoba se llenó de esclavos cristianos conseguidos en sus numerosas victorias. Eran tantos que su número empezó a convertirse en una amenaza y, para contrarrestarla, el dictador hizo traer del Magreb a otros tantos bereberes. Entre unos y otros, degradaron el ambiente cordobés provocando constantes algaradas y, sobre todo, iniciando una etapa de delincuencia que antes no se conocía. Y, de la misma forma en que Almanzor había convertido al-Ándalus en un país militarizado, convirtió a Córdoba en una ciudad policial; no en vano, había sido jefe de policía en sus inicios. Incluso, por congraciarse con los alfaquíes, siempre ávidos de integrismo religioso, dicen que se atrevió a quemar un buen número de libros de la famosa biblioteca de al-Hakem II.

Todavía vivía el auténtico califa Hisham II y ya los hijos de Almanzor disputaban por el poder, porque el califa no tuvo hijos y el dictador murió, tras un fuerte ataque de gota, la misma Noche del Destino, el 10 de agosto de 1002, que era aniversario de la primera revelación del ángel Gabriel a Mahoma.

Hablaremos más tarde de eso, pero, en lo que ahora interesa a nuestra historia, Almanzor dejó dos hijos, uno de ellos, AbdelMalik, tenido con su esposa favorita al-Dhalfa y el otro, con la hija del rey de Pamplona, Sancho Garcés II. Por ser hijo de cristiana cautiva y nieto del rey Sancho, llevó el nombre de Abderramán Sanchuelo. Fue AbdelMalik quien sucedió a su padre como primer ministro y, como él, supo captar toda la confianza del califa, a quien, a aquellas alturas, poco debían importarle los sucesos de su reino, pues continuaba semicautivo en su jaula dorada de Medina Azahara, sin fuerzas ni capacidad para intervenir en asuntos de Estado.

Pero AbdelMalik murió en el año 1008, dicen que de tuberculosis u otra afección pulmonar. Otros autores ven la mano de su hermano Sanchuelo vertiendo veneno en su copa o en su plato, pues fue precisamente él quien se hizo con el poder tan pronto como el camino estuvo libre; y se hizo con el poder incluso en contra de la voluntad de su madre, que veía en él un peligro para al-Ándalus. Demasiado joven, ambicioso, sin condiciones ni talento para gobernar y dado a todos los vicios que procura el poder, trabó una amistad, podríamos decir que «de borrachos», con el califa, porque ambos se dedicaron al ocio y a la diversión, dejando a Córdoba sumirse en el caos.

Dado que Hisham II no tenía hijos, su «buen amigo» y compañero de correrías Abderramán Sanchuelo no tuvo grandes problemas para convencerle de que le nombrara su sucesor. Pero no le duró mucho el poder porque la madre del fallecido AbdelMalik, que veía la ilegitimidad con la que gobernaba Sanchuelo y que

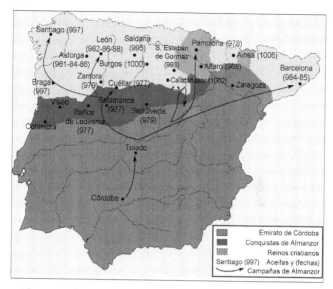

Almanzor fue un gobernante que convirtió al-Ándalus en una dictadura militar. Este mapa muestra las campañas y razias de Almanzor hacia 997.

seguramente le hacía sospechoso de la muerte de su hijo, llamó en auxilio de Córdoba a un biznieto de Abderramán III, Muhammad al-Mahdi, para que se hiciera con el poder y acabara con los desmanes de Sanchuelo.

Muhammad al-Mahdi no se hizo de rogar y acudió presto, conociendo la incapacidad de su primo Hisham II para solucionar la situación caótica de Córdoba. Y la solución fue la usual en aquellos tiempos. Abderramán Sanchuelo murió crucificado y su vencedor se encaramó al trono califal con el nombre de Muhammad II, apartando no ya del poder sino de la vida pública a su primo el califa, a quien encerró en una prisión haciendo creer que había muerto.

Tampoco le duró mucho el poder. Al cabo de un año, durante el cual se ocupó, como dijimos, de derruir la ciudad de Almanzor, tuvo que devolver el trono a Hisham II, que inició su segunda etapa de reinado en el año 1010.

El Mangas

Pesa a su agilidad para encerrar a su primo, crucificar al usurpador y elevarse al poder, Muhammad II tampoco contaba con el apoyo de los cordobeses. Las clases elevadas no le apreciaban debido a su mala educación y a sus gustos plebeyos; en cuanto a las clases bajas, le denostaban por su afición al maquillaje y a los afeites, habiéndole adjudicado el apodo de «el Mangas». Para demostrar que el califa había muerto, tuvo la estúpida idea de hacer asesinar a un hombre que se le parecía y pasear el féretro por las calles, para que sus súbditos pudieran llorarle en modo *corpore insepulto*.

Como ya avanzamos, no se mantuvo mucho tiempo en el poder, porque los bereberes, a los que el nuevo califa despreciaba, se aliaron con el conde de Castilla para deponerle. Su última ocurrencia le costó el mando, porque, atrincherado en el Alcázar y después de haber paseado al falso cadáver, tuvo la idea de hacer sacar a su primo Hisham de la prisión y exhibirle para demostrar que él no le había matado, como muchos ya sospechaban, con lo que descubrió sus cartas y ya no le quedó más remedio que huir para salvar la vida. Se refugió en Toledo, donde gobernaba su hijo Obeidala, con idea de recuperar el trono de Córdoba, en el que ya se sentaba el nuevo califa Sulaymán.

Uno tras otro se sucedieron los califas, algunos de los cuales repitieron gobierno, aprovechando la caída del enemigo que los había depuesto para recuperar el trono durante un corto período, al final del cual terminaban sucumbiendo. Así transcurrió el período de anarquía que llevó a la abolición del califato en 1031 y a la desintegración del territorio en los reinos de taifas, treinta y nueve pequeños estados que se identificaron con las estirpes nobles o guerreras de sus gobernantes.

Mientras, el pueblo esperaba entre el gobierno de uno y de otro, sufriendo las represalias de los dos o los tres bandos del momento, para ver quién se perpetuaba en el poder, quién iba a gobernar y a quién había que obedecer o contra quién había que levantarse.

4

El imperio de los cinco sentidos

Toda Arabia exhala la más deliciosa fragancia.
Es el único país que produce incienso,
mirra, casia, canela y láudano. Los árboles del
incienso están guardados
por serpientes aladas, pequeñas, de colores
variados, que cuelgan de las ramas.

Así es como expresó el historiador Herodoto de Halicarnaso, en el siglo V a. C., su fascinación ante Arabia y el olor que desprenden sus tierras. Cuatro siglos más tarde, Estrabón corrigió las palabras de Herodoto, pero solamente para especificar que las serpientes no eran pequeñas, sino gigantescas. Y seguramente con razón, porque lo escribió siendo geógrafo oficial de la expedición que Augusto envió en el siglo I a explorar aquella tierra.

Los aromas de al-Ándalus

Los árabes de al-Ándalus pudieron cumplir satisfactoriamente uno de los mandatos del Corán, el que exhorta a gozar de la vida. Pero no fue así para los que quedaron en Arabia, pues no disfrutaron de los árboles ni de los pájaros ni de las fuentes que caracterizaron al mundo musulmán español. Y no solamente porque en Arabia no se dieran tales recursos naturales sino también porque, como dicen los poetas, «la proximidad de las aguas no conviene a los árabes, porque las fiebres y los mosquitos nos devoran y vivir junto a las huertas nos trae una muerte rápida».

Los árabes de al-Ándalus pronto aprendieron que la pestilencia y los batallones de moscas y mosquitos se combaten con aromas e incienso, pero los que quedaron en Oriente dieron preferencia al aire puro y por eso levantaron sus alcázares en el desierto, a salvo de las aglomeraciones y el aire pútrido que exhalan las grandes ciudades como Damasco o Bagdad.

En el capítulo anterior hemos citado objetos preciosos surgidos del obrador de marfil de Medina Azahara, que se creó al mismo tiempo que se erigía la ciudad. Pero esos estuches no solamente servían para el escritorio, sino que muchos llevaban la etiqueta de su contenido de perfumes estimulantes, como el almizcle, el alcanfor y el ámbar gris. Este último tenía fama de afrodisíaco, aunque en realidad servía para retener el aroma.

En el siglo IX, los barcos musulmanes salían de Yemen o de Irán para adquirir especias o mercancías preciosas en los mercados del Índico y volvían trayendo mostaza negra y azúcar de Cambay, pimienta de Malabar y Calicut, nueces de coco de las Maldivas, alcanfor de Java, aloe, sándalo, clavo o jengibre de Sumatra. Las mercancías llegaban a al-Ándalus en caravanas que recorrían Palestina y el Magreb, deteniéndose en los numerosos caravasa-res que ofrecían albergue, alimento, agua y sombra a lo largo de las rutas. En barco, venían atravesando el Mediterráneo, pero cuando los cristianos iniciaron la recuperación de territorios mediante las Cruzadas, los mercaderes judíos o musulmanes alquilaban espacio en los barcos genoveses para bordear el litoral norte desde San Juan de Acre o utilizaban barcos musulmanes si llegaban bordeando el litoral sur. Tras la escala habitual en Ibiza, los barcos llegaban a los puertos de Cartagena o Almería (al-Mariyya).

Y, ya dentro de al-Ándalus, las mercaderías se distribuían a través de la red viaria que unía ciudades y pueblos y que incluía alojamientos, postas, ventas y alque-rías vigiladas por soldados para defender a los viajeros y mercaderes de los muchos salteadores de caminos que, como en todas las épocas, abundaban.

En las ciudades, los zocos del interior ofrecían especias en sacos, cestos y lebrillos. Antes de venderse, debían pasar el control del funcionario que comprobaba el cumplimiento de las normas del zoco. Las mujeres revolvían, miraban y remiraban antes de decidirse a comprar especias para aromatizar sus guisos, para su higiene y belleza o, en el caso de las alcahuetas, para preparar filtros, bebedizos y pócimas.

Siempre se podían encontrar recetarios tanto de cocina andalusí como el de Abu l-Ala Zuhr, para preparar tintura y dar a los cabellos un tono negro rojizo que estuvo muy de moda, emplastos de vinagre y alheña para la caspa y pasta dentífrica a base de cortezas de raíz de nogal hervidas con clavo y cilantro machacado. Abundaban las descripciones de los distintos perfumes que había que utilizar en cada estación del año, tanto para aromatizar la vivienda como para perfumar el cuerpo y los cabellos. Y jabones perfumados que se utilizaban, con el aguama-nil, antes y después de las comidas.

Pebetero adornado con un íbice; la otra cara muestra
una inscripción árabe sobre la diosa del Sol, Shams.
Siglo I a III a. C. Yemen. Departamento de Antigüedades
Orientales, Museo del Louvre, París.

También se vendían hojas de betel, un arbusto
similar a la menta, que se masticaban para perfumar el
aliento y facilitar la digestión y que a veces se utilizaban
también como afrodisíaco, así como aceite de coco para
el pelo; y dulces, de los que hemos heredado un apeti-
toso legado de turrones, mazapanes y alfajores, elabora-
dos con queso, miel, frutos secos y agua de azahar.
Esta herencia forma parte de nuestro inconsciente colectivo, que hace que todos aquellos olores, sabores, imágenes, sonidos y texturas nos resulten familiares. También

merece la pena pararse a pensar en lo que supondría esta cultura oriental de higiene, belleza y salud en medio de un mundo occidental astroso, inculto y reprimido. En el mundo cristiano, la cultura había quedado restringida a algunos monasterios y la que cultivaron los monjes no era precisamente la del agua, el *hamman* y los placeres para los cinco sentidos.

EVOCACIÓN DEL PARAÍSO

> Alá les recompensará con jardines por cuyos bajos fluyen arroyos,
> en los que morarán eternamente.
> Esta es la recompensa de quienes hacen el bien.
>
> Corán, V, 85

Si leemos la descripción de un jardín cordobés, como la que incluyó al-Maqari en su monografía sobre al-Ándalus, ya en el siglo XVI, comprenderemos que los jardines con los que adornaron nuestra tierra son una evocación del Paraíso: «Tiene hileras de plantas alineadas simétricamente y las flores sonríen en sus capullos. El sol no puede ver su húmeda tierra, la brisa esparce sus perfumes en efluvios, día y noche, como si fuese la mirada de los enamorados o se hubiese desprendido de las páginas de la juventud».

Este historiador árabe describe asimismo patios de blanquísimo mármol y pabellones con techos y paredes recubiertos de oro y lapislázuli.

En Yemen, las casas de los árabes se elevaban verticalmente encaramándose piso sobre piso, pero en al-Ándalus fueron similares a las del Magreb, es decir, del tipo mediterráneo, con un patio central porticado, revestido de azulejos policromados y una fuente de pileta, al que se asomaban salones y habitaciones. Incluso los andalusíes de clase trabajadora tenían su pequeño patio con pileta que, a veces por falta de espacio, estaba colgada de la pared. Lo importante era oír el rumor del agua desde cualquier rincón de la vivienda.

Pero los jardines árabes no fueron solamente lugares de recreo, sino que se dedicaban a varios usos, porque, para ellos, la Naturaleza es algo a mejorar, aunque no a superar. Existía el jardín tipo patio, con su fuente rumorosa, rodeado por un pórtico de arcos, con arriates de rosales, arrayanes y otras plantas aromáticas. Había jardines tipo huerto, donde el jardinero, que era también botánico, experimentaba con plantas aromáticas o medicinales, regadas por acequias siempre rebosantes de agua. El oficio de jardinero era muy antiguo y muy reputado, considerado el complemento del perfumista.

Por los geógrafos andalusíes, como al-Idrisi, que vivió en el siglo XIII, tenemos descripciones de todo tipo de jardines, de plantas de diversos usos que en ellos se cultivaban y de la belleza de las almunias, las fincas de recreo construidas para el placer. La más conocida de estas obras es el Generalife, nombre que significa 'Jardines Excelsos' o 'Jardines del Alarife' y que puede visitarse en Granada, junto a la Alhambra, para admirar los macizos vegetales que alegran la vista y el olfato, con su pabellón central rodeado de arrayanes y rosales, muchos rosales, porque ya dijo el poeta que «cuando surge la rosa de la rama, unas flores mueren y otras palidecen de envidia». Pertenecieron a un arquitecto hasta 1320, en que el sultán Ismael los adquirió y los transformó en almunia. Dicen que la corte se alojó allí durante una epidemia porque «abundaban las rosas con vientos perfumados y aguas claras».

La nostalgia de su lejana patria hizo traer a Abderramán I no solamente aquellas palmeras que se aclimataron a nuestra tierra, sino granados, enviados desde Siria como regalo de su hermana, que quiso recordarle la belleza de su paisaje natal.

El *HAMAM*

> Toda persona que venga al baño de Zarab
> no pague nada.

El manuscrito que describe la construcción de un baño público en Córdoba se podría aplicar a cualquier otra ciudad[15], por ejemplo, a los baños que han quedado en Zaragoza, casi subterráneos, en la zona del Coso.

Eran, como vemos, gratuitos. Los hombres los utilizaban por la mañana y las mujeres por la tarde. Y, para que no cupiera duda alguna, la instrucción final que el constructor da a los sirvientes, señala: «A cualquiera que venga, dadle gleba, alheña y corteza de nogal para fregarse los dientes. Y no toméis paga de ninguno».

La descripción del *hamman* es sumamente prolija, refiriendo las cuatro cámaras y los caños de cobre y plomo que debían ir bajo tierra y por los que entrarían el agua fría y el agua caliente a la cámara correspondiente. El agua saldría por la boca de figuras de latón con forma de ave y las tinas serían doradas y plateadas, los suelos de mármol con adornos de pavos y leones de cobre y mármol rojo. Los lugares de abluciones, de vidrio también rojo y las cámaras pintadas de plata y minio.

No solamente era placer o relax lo que los árabes buscaban en los baños. Recordemos que la mayor parte de sus ancestros eran beduinos, habitantes del desierto, donde el agua escasea, el sol abrasa y el sudor quema la piel. Conocían por tanto el arte de abrir los poros y regenerar los tejidos con abluciones, friegas y ungüentos. El *hamman* no era un lugar de placer, sino de higiene, de salud y de cultura.

---

[15] Fuente: José Pijoán, *Summa Artis, Arte islámico.*

Los musulmanes españoles disfrutaron del agua e instalaron
baños en las ciudades que habitaron, algo impensable
en aquellos tiempos en tierras cristianas. Étienne Dinet,
Bañistas. Museo Nasreddine, Argelia.

UNA FAVORITA POR UN PALACIO

> Vuelvan vuesas mercedes los ojos a aquella torre que es una de
> las torres del alcázar de Zaragoza que ahora llaman la Aljafería y
> aquella dama que en aquel balcón parece vestida a lo moro
> es la sin par Melisendra.
>
> *El Quijote*
> Miguel de Cervantes

El Quijote ofrece una cita de la Aljafería, donde Melisendra
penaba cautiva del emir de la taifa de Zaragoza, hasta que
llegó don Gaiferos, su marido, a darle la libertad.

La Aljafería es un palacio taifal del siglo XI construido por un rey que fue poeta, filósofo, matemático y

astrónomo, Abu Yafar Ahmad ibn Sulaymán, a quien la historia de España conoce por Yafar Ahmad y que reinó en Zaragoza entre los años 1046 y 1081. El nombre original de la construcción fue Palacio de la Alegría, pero fue derivando del nombre de su constructor hasta convertirse en Aliafaria, Jafería y, finalmente, Aljafería que es como se llama en nuestro tiempo.

Fue corte de artistas, científicos e intelectuales tanto musulmanes como judíos, pero, sobre todo, fue la joya de Yafar Ahmad y su construcción está rodeada por una bella leyenda que viene al caso para descubrirnos el gusto de los andalusíes por el lujo y el refinamiento arquitectónicos.

Era un tiempo complejo y difícil porque el califato acababa de desintegrarse en pequeñas taifas que carecían de fuerza y poder para enfrentarse al ataque de los cristianos, quienes sabían aprovechar aquel momento de debilidad para ocupar o recuperar tierras. Precisamente, antes de que el papa Urbano II convocase a la cristiandad a la Primera Cruzada en el concilio de Clermont-Ferrand, el ejército cristiano había intentado una primera guerra santa contra los sarracenos atacando la Marca Superior y apoderándose de la ciudad de Barbastro, pero el rey poeta logró reconquistarla en el año 1065.

Los reyes de las taifas tenían que contratar ejércitos mercenarios porque carecían de la fuerza que otrora les diera la unidad y aquello había mermado en gran manera las arcas reales. Por eso, el rey soñaba despierto con un palacio que nunca podría construir, porque carecía de oro para pagarse aquel capricho que ya se había trocado en vivísimo deseo. Era un palacio con estucados de pórfido y nácar, con artesonados de ébano, torreones altísimos y columnas largas y delgadas como las palmeras de Rabat. Y era tal el anhelo que aquel palacio le procuraba que hubiera dado por él cuanto tenía, incluso a su esclava favorita.

La Aljafería de Zaragoza es una construcción almorávide que refleja todo el gusto de los príncipes andalusíes por el lujo y la belleza.

Caminando un día junto a una plazuela y sumido en sus ensoñaciones, oyó que le llamaban y, al volverse, encontró a un anciano vestido tan sólo con una clámide azul, coronado de verdes algas y ostentando en la mano un gran caracol marino. Sorprendido, le preguntó el rey quién era y el anciano habló así:

—Soy el río Ebro y he salido de mis palacios de cristal para lograr un sueño que me acucia día y noche, un sueño de pájaros que se saludan con sus trinos, de flores que esparcen su aroma y de brisas que suspiran. Y todos ellos hablan de amor, llaman al amor y me hacen envidiar hasta a los riachuelos que besan las flores de mi orilla antes de verter en mí su tributo.

»—Y ahora que he oído tu demanda –continuó el anciano- me he llenado de esperanza y te digo: dame a tu favorita y yo te daré el palacio que tanto anhelas.

—Dámelo, pues –respondió el rey sin dudar ni un instante- y Hanifa será tuya.

Despertó al día siguiente en un lugar desconocido, tendido en una cómoda otomana desde la cual pudo admirar las paredes de nácar con alicatados de marfil, los artesonados de maderas preciosas, los mosaicos, los rosetones de plata y coral, los pebeteros de oro, las alfombras de seda, las vajillas, las armaduras, los muebles y objetos maravillosos que le rodeaban.

Fue tal su gozo que no recordó el precio del palacio. El anciano, cumpliendo su parte del pacto, lo había construido en una sola noche. Pero Hanifa no apareció por ninguna parte.

DE AMOR Y MÚSICA

> Meu sidi Ibrahim, ya nuemne doche
> vent'a mib de nohte.
> In no, si non querís, yireim'a tib,
> garme a ob legarte

> (Mi señor Ibrahim, dulce nombre,
> ven a mí de noche.
> Si no quieres, yo iré a ti,
> dime dónde encontrarte)

> Texto de una jarcha mozárabe

La Biblioteca del Real Monasterio de San Lorenzo de El Escorial conserva un antiguo tratado de música escrito por Abu Nasr Muhammad ibn al-Faraj al-Farabi, conocido por Alfarabi, que no solamente fue músico, sino filósofo y científico del siglo IX, y que adaptó al mundo islámico la teoría musical griega y perfeccionó el sistema musical que utilizaban los hispano-visigodos. Fue tal su dominio de los instrumentos musicales que muchos le conocen por «el Orfeo de Arabia». El sistema musical anterior a la invasión árabe fue descrito y conservado, entre otros, por san Isidoro de Sevilla, que también fue maestro de música y científico. Otros compositores hispano-godos fueron los llamados Urbano Cantor y Pedro Diácono.

Según cuenta Mariano Soriano, los músicos de al-Ándalus escribían la música en una pauta musical de ocho líneas, es decir, utilizaban los siete espacios que quedan entre ocho líneas horizontales. La pauta que se utiliza actualmente es de cuatro espacios entre cinco líneas, de donde le viene el nombre de pentagrama. Los árabes emplearon figuras ovaladas para las notas, por lo que esta técnica musical se llamó ciencia de los óvalos.

El tratado de Alfarabi no solamente describe el método musical y los instrumentos que se utilizaban en el mundo islámico, sino que da cuenta de cuáles de ellos debían emplearse en determinadas ceremonias. Hubo en su tiempo no pocos alfaquíes que criticaron la existencia de numerosos instrumentos desconocidos, opinando que solamente era lícito mantener los que ya existían en tiempos del Profeta. Con estas y con tantas otras cosas han tenido siempre que bregar el arte y la ciencia contra la religión mal entendida.

Una de las críticas de los puristas se centraba en el acompañamiento instrumental del canto como si fuera una invención demoníaca, cuando, precisamente, muchos de los *Moallaquat,* los poemas suspendidos que mencionamos en el capítulo 1, son textos escritos para cantar y no solamente para recitar. Recordemos también la oposición que despertó en Damasco el laúd de Sukayna.

Ante tantas críticas, un juez amante de la música, el cadí Mahamud Ibrahim Axalehi, escribió un texto muy convincente en el que justificaba el empleo de tales instrumentos, señalando, además, que no eran nuevos, sino que eran instrumentos antiguos a los que se había dado un nuevo nombre. Este texto detalla los instrumentos, sus nombres y sus usos, lo que ha resultado de gran valor para los estudiosos de la música árabe.

En sus escritos, el cadí cita un tratado musical escrito por el imán Abu Abdelah Almajari, quien dice que en las bodas no hay nada más adecuado que el adufe (una especie de tambor) y el *guirbal*, acompañados del batir de palmas de las mujeres, porque esa música calienta las cabezas y alegra sin necesidad de bebida. Cuerdas, palmas y percusión nos recuerdan especialmente a nuestro flamenco.

Sin embargo, tanto el cadí como el imán condenan el uso del atabal (timbal) o el *kebar* (percusión), que son más propios de la guerra, ya que animan a la pelea. Hay instrumentos que nunca deben utilizarse en las mezquitas ni en las peregrinaciones porque impiden meditar sobre el Corán, como la dulzaina, y se señala que Mahoma hubiera nacido en otro lugar si en su tiempo se hubiera tocado la dulzaina.

Habla este tratado del albogue, el oboe que los cristianos llevan en sus zambras (orquestas) porque imita la voz humana y también lo utilizan en la guerra para animar a los soldados. Ilustra la historia contando que un soldado cobarde salvó la vida porque se ocultó detrás de los que tocaban el oboe.

Menciona la *khitara* o guitarra, un instrumento recibido de los cristianos, y señala que el laúd es el más perfecto de todos, porque habla al corazón como si tuviera lengua y expresa los sentimientos mejor que la pluma en la mano de un enamorado.

En el capítulo 1, hemos visto trovadores entreteniendo a las damas musulmanas con su canto. En Occidente, la trova se inicio en el sur de Francia, probablemente inventada por Guillermo IX de Aquitania con influencia musulmana, desde donde ascendió hacia el norte de la mano de troveros y ministriles, dando nacimiento al *lai,* al *virelai* y a la canción de gesta que conocemos como *chanson*.

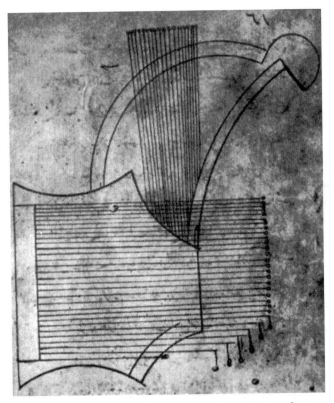

El maestro de música musulmán por excelencia fue
Alfarabi. Vemos aquí una ilustración de su famoso tratado
musical, que se conserva en la biblioteca del monasterio de
El Escorial.

Entre los cristianos de al-Ándalus, la lírica mozárabe hizo una aportación a los cantos de amor que no
tiene parangón en otros países europeos. Los grupos
mozárabes conservaban y cultivaban un género de
canción que llegó a llamar la atención de poetas árabes

y cristianos. Se trata de coplas amorosas, pero, a diferencia de las que entonan los trovadores provenzales, es una mujer la que canta su amor por un caballero, al que aguarda o añora. Estas coplas parece que eran típicas de las taberneras cristianas y datan de fecha muy antigua, puesto que los poetas del siglo IX las utilizaban como *jarchas,* es decir, cierres para composiciones eróticas de contenido muchas veces considerado turbio, ya que en ocasiones era un hombre quien cantaba en homenaje a otro hombre. De esta forma, la lírica mozárabe elevó el nivel social de las *jarchas,* que eran hasta entonces coplas de taberna, y las poetisas gallegas y portuguesas cerraron con ellas sus cantigas de amigo.

> ¡Ay! Ondas que eu vin mirar
> se mi saberedes contar
> por qué tarda meu amigo,
> sen mí.

Conviene saber que, en la sociedad medieval, el amigo era el amante al que la mujer realmente amaba tuviera o no tuviera con él relaciones sexuales. El amigo era un personaje muy distinto del marido, a quien veneraba y obedecía y a quien estaba obligada a dar hijos que perpetuasen su estirpe. Un villancico profano nos señala la diferencia entre el amigo y el esposo:

> Ruyseñor, le ruyseñor, facteme aquesta embaxata,
> Y digalo a mon ami: que ju ya só maritata, din dirin din.

> Ruiseñor, ruiseñor, hágame esta embajada,
> y dígale a mi amigo que ya estoy casada.

Ni paganos ni infieles

> ¿Qué castillos son aquellos? ¡Altos son y relucían!
> El Alhambra era, señor, y la otra la Mezquita;
> los otros los Alixares, labrados a maravilla.
> El moro que los labraba cien doblas cobraba al día,
> y el día que no los labra, otras tantas se perdía.
> El otro es Generalife, huerta que par no tenía;
> el otro Torres Bermejas, castillo de gran valía.

> *Romance de Abenamar*
> Anónimo, s. xv

Los historiadores del siglo XIX y, antes que ellos, algunos romances del Siglo de Oro, nos han enseñado a distinguir a los cristianos de los musulmanes como dos núcleos opuestos y excluyentes. Nada de eso es cierto. La historia de España ha descubierto realidades insospechadas que demuestran que en al-Ándalus y en la España cristiana convivieron moros y cristianos en armonía y paz. Ni los moros fueron «los paganos» ni los cristianos fueron «los infieles». Al menos, durante el período en que al-Ándalus se convirtió en el centro cultural del mundo islámico y, por ende, del mundo occidental. Las setenta bibliotecas y las universidades que mantenía al-Ándalus en el siglo XII atrajeron a numerosos estudiantes cristianos que, con su aprendizaje, llevaron impreso el sello de la cultura andalusí. Y, si hubo un filósofo de moda entre los jóvenes europeos bajomedievales, fue el cordobés Averroes.

Menéndez Pidal llamó «maurofilia» al interés y admiración de los castellanos que ensalzan a sus adversarios con turbante en romances y otras manifestaciones. Y es cierto que el mundo cristiano admiró al mundo musulmán, porque todos los pueblos atrasados cultural, social y económicamente admiraron y trataron siempre de imitar a los más avanzados. Hemos visto a los godos imitar a los bizantinos. Los bárbaros que acabaron con el Imperio romano imitaron hasta la exageración a los latinos. Atila sufrió la frustración de no poder lucir insignias romanas y el usurpador hérulo Odoacro no tardó en vestir la toga cuando consiguió sentarse en el trono de Roma. Los cristianos que compartían la península ibérica con al-Ándalus no podían hacer otra cosa que comparar su mundo con el de los musulmanes y tratar de imitarles en todo lo posible.

Cuenta José Pijoán que, en los siglos IX y X, los talleres árabes de Córdoba y Almería surtían a buena parte de la cristiandad de telas tejidas al estilo de Bagdad y, entre los siglos XII y XIII, las sedas producidas en Almería y en Málaga acusaban la tolerancia almorávide en sus bordados que mostraban parejas humanas conversando. Y, para asegurar su procedencia, mostraban una inscripción que indicaba que Alá predestinó desde antes de la Creación a unos para que vistieran aquellas telas y a otros para que vistieran telas de saco.

Sabemos que reyes como Alfonso II de Aragón y Enrique IV de Castilla se vestían con ropas que imitaban las modas de los musulmanes. Pedro el Ceremonioso se ganó una reprimenda del papa por vestir a la morisca. Pedro I de Aragón encargaba sedas a los telares de Granada y, además, firmaba todos sus documentos en árabe, que era el idioma de moda. Y numerosos personajes de alcurnia fueron enterrados en el monasterio de las Huelgas con ropajes a la moda morisca.

En cuanto a la atracción que las mujeres musulmanas ejercían sobre los cristianos, ya la literatura árabe del siglo VIII había difundido en Europa la imagen sugerente de los harenes, recintos prohibidos estrechamente vigilados, sagrados y vedados a la curiosidad de los extraños, en los que bellísimas y cultivadas huríes y odaliscas entretenían su ocio con pasatiempos voluptuosos como la música, los baños, los vestidos transparentes, los adornos tintineantes, las danzas sensuales, los velos sutiles y provocadores de mil fantasías, que hicieron proliferar las leyendas de amor inalcanzable. Fue tal la atracción que esta imagen ejerció sobre los occidentales que no faltaron cruzados que se lanzaron a la conquista de los Santos Lugares con la mente obsesivamente fija en el fabuloso harén del rey de Edesa, en Siria, lejos, por cierto, de Jerusalén.

Se cuenta del rey Sancho el Fuerte de Navarra que, en plena Reconquista, voló más que corrió a Marruecos en ayuda de una princesa mora que solicitaba su auxilio y que, según decía el mensajero, se había enamorado de él «de oídas e non de vistas». Lo cierto es que Sancho, lejos de casarse con la princesa, tuvo que luchar durante tres años contra los súbditos rebeldes del padre de la bella enamorada, el miramamolín al-Nasir «el Victorioso». Pero la vida le procuró un desquite glorioso en la batalla de las Navas de Tolosa, porque en ella venció al que hubiera sido su suegro y ganó para el escudo navarro las cadenas que rodean una esmeralda, símbolo de su valor para saltar sobre las cadenas que protegían la jaima del miramamolín.

Hemos visto a Sancho el Gordo reclamar la ayuda de Abderramán III, que fue quien lo sentó en el trono de León, como también sentó a García Sánchez I en el de Pamplona. Las llamadas cristianas a los moros en busca de auxilio fueron bastante frecuentes. Incluso el conde Borrell I de Barcelona tuvo que recabar la ayuda de al-Hakem II para consolidar su posición.

La invasión musulmana pudo resultar al principio un choque cultural, no olvidemos que los primeros en llegar fueron los bereberes; pero, con el emirato y después con el califato omeya, los mozárabes se libraron de los padecimientos del sistema feudal imperante en toda Europa prácticamente desde el siglo v, porque el islam los integró en su mundo y convirtió a al-Ándalus en un centro cultural, económico y comercial universal.

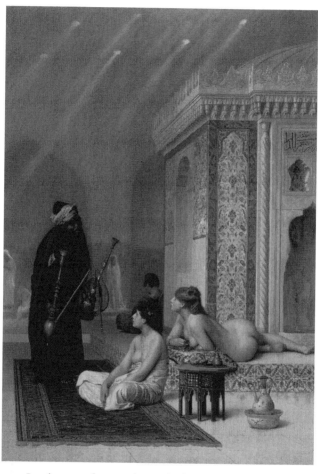

Los harenes fueron objeto de deseo de los hombres occidentales. Se dice que muchos fueron a las cruzadas pensando en los harenes de los príncipes musulmanes de Oriente. Jean-Léon Gérôme, *Los baños del harén*. Museo del Hermitage, San Petersburgo, Rusia.

También para los judíos resultó el mundo musulmán un lugar de delicias, porque resultaron imprescindibles para los invasores, dado su conocimiento del lugar, de las gentes, del idioma y de las costumbres. Los musulmanes recibieron de los judíos de Mesopotamia la ciencia y la literatura clásicas, como dijimos anteriormente. En al-Ándalus, la población judía alcanzó el uno por ciento de la musulmana, lo cual no es mucho, pero sí lo fue el hecho de que pudieran compartir conocimientos y cultura. Siguiendo la profecía de Abdías, «los desterrados de Jerusalén están en Sefarad», identificaron Sefarad con la península ibérica donde, libres de las persecuciones a que los visigodos les sometieron, pudieron sentirse a sus anchas y establecer sus talleres artesanos o sus centros comerciales. Muchos de ellos fueron agentes comerciales de mercados tan lejanos como la India, China o Java, de donde importaron mercancías y adonde exportaron manufacturas andalusíes, como sedas almerienses o cerámica valenciana.

La economía de los reinos cristianos estuvo totalmente desequilibrada respecto a la del califato hasta el siglo XI, en el que se empezaron a equiparar y equilibrar porque los cristianos consiguieron arrebatar a los musulmanes tierras, ciudades y comarcas, obligándoles a pagar un tributo similar al que los mozárabes pagaron en su día a los mahometanos. Ese tributo, que se conoce como «parias», fue el que desvió a las arcas cristianas buena parte del oro musulmán y permitió el surgimiento de clases burguesas y el desarrollo de la industria y del comercio que, a partir del siglo XIII, cuando ya casi toda Andalucía era territorio cristiano, se hizo con la hegemonía internacional, convirtiendo a Sevilla en el centro universal de transacciones con el Magreb, con Flandes y con las poderosas repúblicas italianas de Génova, Florencia y Venecia.

Pero, antes del pago de las parias, la economía floreciente de al-Ándalus era un modelo inalcanzable para las economías rudimentarias de los reinos cristianos, hechas de modelos agropecuarios frente a la economía urbana de los musulmanes, que contaban con una próspera industria y un importante poder comercial. Mientras los musulmanes importaban y exportaban sedas, especias o maderas preciosas, los cristianos se limitaban a intercambiar los bienes imprescindibles para la supervivencia, llegando a considerarse la oveja como una unidad monetaria equivalente a un sueldo. Téngase en cuenta que los cristianos que repoblaban ciudades abandonadas o tomadas a los moros nada sabían del entorno urbano y no eran capaces de organizar un municipio, limitándose a habitar castillos y viviendas como habían habitado el campo.

Una parte importante de la economía islámica la formaban los esclavos, cautivos procedentes de contiendas e invasiones, que se compraban y vendían en el mercado público como se hizo en Grecia y en Roma. Y, al igual que en Grecia y Roma, eran precisamente los más valiosos aquellos que tenían conocimientos científicos y, sobre todo, musicales. Uno de los precios más altos que se pagaron en un mercado de esclavos fue para adquirir a una cantante que costó catorce mil dinares y por la que el intermediario cobró mil de comisión. También sabemos de un esclavo que ocupó un cargo militar tan elevado que llegó a dirigir los ejércitos musulmanes contra el rey Ordoño II de León.

La mayoría de los tratantes de esclavos eran judíos que se preocuparon de escribir tratados para facilitar la mejor colocación de sus mercancías. En ellos se aconsejaba, por ejemplo, a las esclavas jóvenes sonreír a los viejos y a los tímidos, pero mostrarse orgullosas con los jóvenes, a fin de ganar su amor y su deseo, algo sumamente útil para una esclava. También explicaban la forma de vestirlas para imitar a la Naturaleza, que pone contrastes de color en las flores; por eso había que vestir a las blancas de colores oscuros o pastel y a las negras de colores vivos.

En cuanto al idioma, se hablaban el árabe, el hebreo y el romance, por más que los alfaquíes protestaran del uso de otras lenguas que no fueran la que Dios utilizó para revelar su voluntad al Profeta. Hay constancia, por ejemplo, del caso de un pleito que tuvo lugar en Córdoba en tiempos de Abderramán II, en el que se llamó a testificar a un mozárabe, un tal Giner, que solamente hablaba romance. Su sinceridad y honradez eran tan famosas que le llamaron a declarar como testigo acerca de cierta denuncia contra un cadí acusado de injusto y de corrupto.

Pues bien, nuestro Giner atestiguó que no conocía bien al cadí, pero que había oído al pueblo decir que era «un tío malvado». Y parece que utilizó una expresión romance muy precisa, por lo cual, el emir concluyó que un santo varón como aquel nunca hubiera proferido semejante frase si no se la hubiera dictado la honradez; de resultas, el cadí fue destituido. Y esto indica no solamente que el bueno de Giner hablara romance, sino que los musulmanes lo entendieron a la perfección, conociendo incluso las connotaciones culturales de la expresión empleada.

Y, ya en el siglo XIII, con la reconquista prácticamente finalizada, el reino de Granada, que era el único reducto musulmán que quedaba en la península, gozaba de todos los parabienes de los príncipes españoles para seguir estando donde estaba. Sus reyes eran vasallos del rey de Castilla al que pagaban buen oro, tenían un escaño en las cortes castellanas y entre el rey moro y el cristiano no solamente había amistad, sino, en muchas ocasiones, parentesco.

ÉPICA CASTELLANA Y LÍRICA SEVILLANA

> Paseábase el rey moro
> por la ciudad de Granada
> desde la puerta de Elvira
> hasta la de Vivarrambla.
> ¡Ay de mi Alhama!
>
> *Romance anónimo del rey moro que perdió Alhama*

Si los poemas suspendidos surgieron en los desiertos arábigos y la poesía lírica nació en Mitilene, el poema castellano fue el resultado del polvo, el sudor y el hierro de los españoles aislados en castillos, ora rumiando su venganza contra el moro vencedor, ora admirando el refinamiento que bullía bajo el turbante.

En el romance castellano se une la sensualidad de al-Ándalus con la austeridad de la España cristiana, envueltas en la influencia de la canción de gesta francesa, que fue anterior en unos cuantos siglos, porque el romance tuvo la finalidad de narrar las hazañas de conquista del héroe cristiano o los lamentos del moro que perdió su mejor joya. Tampoco faltan romances que cantan la bravura o la galanura del moro, convertido en héroe y protagonista del romance, como los que cuentan los amores de Abindarráez y la hermosa Jarifa:

> El moro venía vestido
> con estrema galanía,
> marlota de carmesín,
> muy llena de pedrería;
> un albornoz de damasco
> cortado de fantasía;
> una fuerte cimitarra
> a su costado ceñía;

el puño, de una esmeralda;
pomo, de piedra zafira;
la guarnición es de oro;
la vaina, de perlería.

Sin duda, el romance castellano más conocido es el *Poema del Cid,* que narra las hazañas de un héroe vencedor de los moros, conquistador de Valencia y, además, expulsado de tierras cristianas por el rey Alfonso VI, a quien, antes de que los nobles aceptasen coronarle rey, el Cid hizo jurar que no había tomado parte en la muerte de su hermano Sancho.

Mátente por las aradas,
que no en villas ni en poblado;
sáquente el corazón
por el siniestro costado;
si no dijeres la verdad
de lo que te fuere preguntado,
si fuiste ni consentiste
en la muerte de tu hermano.

La leyenda de *mío Cid,* 'mi Señor', nombre que dicen le otorgaron los moros, es una de las más representativas de la Reconquista. Se cuenta que, después de muerto, cabalgando su cadáver a lomos de su caballo Babieca, puso en franca desbandada al ejército musulmán; tan terrible era su fama.

Este celebrado poema se atribuye a Pedro Abad, de quien prácticamente nada se conoce, y el manuscrito, deteriorado e incompleto, se encontró en las proximidades de Vivar, villa conocida como Vivar del Cid, a pocos kilómetros de Burgos. Está datado en 1245 o, según otros, en 1307.

Famosos son también el romance o *Coplas de Calaínos,* caballero moro enamorado de una dama cristiana a la que ofreció tierras y riquezas si le otorgaba su favor, pero ella, parece ser que burlona, le pidió las cabezas de tres guerreros francos principales de la corte de Carlomagno. A punto ya de morir a manos de uno de ellos, Roland, Calaínos le explicó el motivo de su intento y Roland, que no sabemos si era el propio sobrino de Carlomagno, el de Roncesvalles, se echó a reír y le aseguró que era un loco porque la dama, si le amase, nunca le hubiera exigido semejante prueba de valor.

Si echamos un vistazo a nuestro folclore, no faltan baladas con sabor morisco, como las que cuentan la destreza de un moro en el ruedo, las disputas entre zegríes y abencerrajes en Granada, la generosidad y nobleza tanto de moros como de cristianos o el disgusto de la hermosa Zara, que perdió junto a una fuente los pendientes que Almanzor le regaló antes de partir. Y no faltan cantarcillos castellanos que hablan de mozos que visitan tierras moras, las llamadas «morerías», y regresan a casa con una mora a la grupa de su caballo. Pero luego se descubre que no se trata de una mora, sino de una cristiana cautivada por los moros que ríe alborozada al volver a ver su tierra y que, al final, resulta ser hermana de su caballero:

> Abrid puertas y ventanas,
> balcones y galerías,
> que por traer a una mora
> traigo a una hermanita mía.

En cuanto a la poesía lírica, dicen que fue un trovador y poeta de Basora, al-Abbas ben al-Ahnef, quien cantó por primera vez[16] al amor infeliz, al amor desesperado, señalando que Dios no está en quien no siente la pasión amorosa y calificando de mártir al que muere en castidad sin haber visto su amor correspondido. Pero aquí, en al-Ándalus, fue Ibn Hazm, poeta cordobés que vivió entre los siglos XI y XII y autor del célebre libro sobre el amor y los amantes titulado *El collar de la paloma,* quien cantó la experiencia de amor como el eje central en torno al cual gira toda la vida y aconsejó tratar de comprender a las mujeres, para abrir una puerta de comunicación al amor: «El amor es la enfermedad más deliciosa, la dolencia más deseable, pero sería bueno que formase parte de la búsqueda del propio entendimiento».

El Parnaso andalusí conoció poetisas que reunían en torno a su palabra, a su obra y a su declamación a príncipes, a intelectuales y a otras gentes cultas y refinadas. Nazhum Alcabaiya, Zainab ben Ziyab y Hafsa ben Alhachi son ejemplos de poetisas granadinas a quienes los hombres cultos ensalzaron no sólo por su belleza, sino por su ingenio y su erudición, algo, a nuestro entender, mucho más relevante en aquella época.

Es imprescindible mencionar la obra de al-Mutmid, emir de Sevilla del siglo XI, que escribió interesantísimos comentarios sobre los episodios de la vida mundana de su tiempo, dotados de gran valor histórico, a los que sumó, como valor incalculable añadido, el arte de describir la vida humana a la que el amor enriquece y a la que la fatalidad política destruye. Y es que esto fue lo que sucedió en la vida real al rey poeta, ya que fue él quien, una vez más en la historia, confió en el caudillo almorávide Yusuf ibn Tasfin para asegurar su posición

---

[16] La primera en cantar al amor infeliz fue Safo de Lesbos en su escuela de Mitilene. A ella y a Alfeo se debe la invención de la poesía lírica.

en la taifa de Sevilla, le abrió las puertas de al-Ándalus y terminó despojado de su reino y encarcelado de por vida en una torre marroquí, junto con sus hijas y su esposa favorita. Y fue allí, en su torre de Agmat, donde al-Mutamid escribió sus celebérrimas elegías cantando la adversidad del destino, por más que ahora pensemos que no fue el destino, sino la invitación del ingenuo rey sevillano, lo que trajo a la península el dominio almorávide.

Este suceso se refiere al segundo viaje del caudillo almorávide a al-Ándalus, porque durante el primero Yusuf vivió en Sevilla como huésped de al-Mutamid, elogiando las maravillas que allí encontró. Hubo allí una mezquita con patio de naranjos, como la de Córdoba, que en el siglo xv se derruyó para convertirla en catedral. El monumento árabe más antiguo es la Torre del Oro, así llamada por estar revestida de mosaicos dorados que brillaban al sol, pero es del tiempo de los almorávides, porque la construyó Yusuf II ya en 1220. Parece que tuvo una torre gemela al otro lado del río, ambas destinadas a la vigilancia de asaltos fluviales y formando cadena defensiva con las murallas. Fernando III el Santo solamente pudo tomar Sevilla después de quebrar aquella cadena de fortificaciones. De hecho, Yusuf I aconsejó a su heredero elevar a Sevilla a capital del reino, por estar mejor situada y defendida que Córdoba.

Siendo príncipe heredero, al-Mutamid tuvo como educador, amigo y amante a un poeta sevillano llamado Abu Bakr ibn Ammar, mucho más conocido en el mundo cristiano por Abenamar, protagonista de muchos de nuestros romances populares:

Abenamar, Abenamar, moro de la morería,
el día que tú naciste, grandes señales había.

La Torre del Oro es la única que queda de las dos torres gemelas que los almorávides construyeron para vigilar los accesos desde el río Guadalquivir. Formaron parte de la muralla defensiva y su nombre procede del brillo de los azulejos dorados que las recubrían.

La medicina islámica

La medicina del Profeta, la de los primeros musulmanes, se compone de algunas medidas higiénicas para la supervivencia en el desierto, recogidas en el Corán con matices claramente religiosos, como la circuncisión, la purificación por el agua, la prohibición del alcohol y la carne de cerdo, así como la práctica del ayuno periódico[17].

La medicina científica o medicina islámica se nutrió, al contrario que la del Profeta, de los conocimientos médicos y filosóficos griegos, romanos y bizantinos a los que la Edad de Oro de la medicina musulmana, que tuvo lugar entre los años 900 y 1100, aportó numerosos conocimientos indios y persas que mejoraron el legado clásico. Con ellos, los estudiosos árabes fundamentaron la ciencia que desarrollaron tanto en Oriente como en Occidente, para componer el inmenso legado que, a partir del siglo XI, se tradujo al latín en las escuelas de traductores de Toledo, Salerno, Barcelona o Montpellier. Posteriormente, en los siglos XIII y XIV, la Escolástica se encargaría de asentarlo en las escuelas episcopales, germen de las futuras universidades.

Gran conocedor de la medicina del Profeta fue Abd al-Malik ibn Habib, médico granadino que vivió a caballo entre los siglos VIII y IX y que condenó el consumo de alcohol, bebida prohibida por Dios y que no contiene remedio ni medicamento alguno, antes bien *(sic)* «obstruye, perfora, provoca el mal aliento, enturbia la vista, corrompe, adelgaza, produce temblores, ocasiona parálisis, embriaga, destruye, abrasa, hace caer los dientes, produce convulsiones, altera el color,

---

[17] La circuncisión y la prohibición del cerdo fueron tradiciones egipcias que recogieron los judíos cuando emigraron a Egipto y que después adoptaron los musulmanes.

estropea la voz, produce palpitaciones, provoca la cólera divina, conduce al infierno y lleva a la deshonra».

La medicina islámica avanzó especialmente en el campo de la dietética, los tratamientos vegetales y la cirugía, para la que diseñaron numerosos instrumentos como bisturís, lancetas, trépanos, sondas y pinzas[18]. Fuera de al-Ándalus, sus médicos más representativos fueron Races y Avicena.

En el siglo XII, en Sevilla, Avenzoar explicó en su *Libro de la simplificación de la terapéutica y la dieta* que las situaciones penosas pueden generar enfermedad y prescribió, como era de esperar, situaciones placenteras que relajan el espíritu y desvían los humores al exterior, extendiendo el calor y difundiéndolo con la ayuda de Dios.

La medicina árabe difundió en Occidente muchos principios clásicos olvidados y proscritos por la religión cristiana, como los beneficios que el orgasmo procura al organismo tanto masculino como femenino, llegando incluso a describir posturas eróticas que escandalizaron a más de un médico cristiano, aunque hubo médicos progresistas, como san Alberto Magno, que llegaron a recomendar la satisfacción erótica de las mujeres vírgenes o viudas mediante la masturbación, a la que, más discretamente, se denominó «masaje con ungüentos».

Los médicos árabes escribieron sus tratados para un público profano desconocedor de la medicina, con el fin de propagar la ciencia a todas las esferas. Los tratados sexuales sobre el coito, el orgasmo y la masturbación tuvieron un enorme éxito en la sociedad cristiana, ávida de un conocimiento científico que desmitificase algunas supersticiones de la época, aunque cabe apuntar que

---

[18] El Museo de las Tres Culturas de la Torre de la Calahorra, en Córdoba, guarda algunos de aquellos instrumentos.

tales conocimientos se nutrieron de antiguas y nuevas creencias equivocadas[19].

Ibn Rusd o Averroes, como el mundo cristiano le conoce, era cordobés, vivió entre 1126 y 1198 y fue, además de filósofo y médico, juez en Córdoba y en Sevilla. Fue el filósofo medieval más importante, aún más en el mundo cristiano que en el musulmán, y famoso por sus trabajos sobre el pensamiento aristotélico, que tradujo y al que agregó sus comentarios con pinceladas del panteísmo musulmán, lo que llevó a la Iglesia a prohibir la doctrina aristotélica en el mundo cristiano hasta que la Escolástica consiguió conciliarla con la *Biblia*. La filoso-fía de Averroes conecta en parte con la Escolástica, pero su doctrina le separó del Cristianismo y del islam, al negar la inmortalidad del alma, que situó en el cerebro, siguiendo a la escuela hipocrática. Estuvo muy de moda entre los jóvenes cristianos porque su doctrina los libe-raba del control divino, abriendo la puerta a la diversión y a la libertad sexual; si Dios no puede con la Naturaleza, si no hay castigo ultraterreno, si no existe el infierno, entreguémonos a la lujuria.

La figura más relevante del judaísmo andalusí fue Moses ben Maymun (1135-1204), más conocido por Maimónides, matemático, astrónomo, filósofo y médico. Nació en Córdoba y, con la llegada de los integristas almohades, anduvo errante por diversas ciudades andaluzas hasta que, en 1160, se exilió en Fez, de donde hubo de huir a Egipto. Allí se estableció en Alejandría, donde abrió una escuela de filosofía, llegando a ser médico de la corte de Saladino. Otro judío, Hasdai Crescas (1340-1410), fue médico en la corte de Abderramán III de Córdoba. Ambos pertene-cen a la Edad de Oro del judaísmo español, junto con

---

[19] Véase mi libro *Historia medieval del sexo y del erotismo,* publicado por Nowtilus en la colección Historia Incógnita.

Averroes fue el filósofo más importante del siglo XII. Su doctrina tuvo más éxito entre los cristianos occidentales que entre los musulmanes. Esta es su estatua en Córdoba.

Jehuda-ha-Levy, Gabirol y Moisés Esra, por quienes la Iglesia mozárabe tuvo un gran respeto.

La medicina musulmana se ejerció no solamente en casa del médico, sino en el hospital. El más grande de los hospitales islámicos del siglo X fue erigido en Bagdad en el año 982 en el lugar exacto que para él eligió Races. Merece la pena mencionar el método utilizado para localizar el lugar idóneo, que consistió en colocar cuatro trozos de carne en cuatro puntos distintos de la ciudad, eligiendo aquel en el que la carne tardó más en corromperse: junto al río Tigris.

Otro hospital famoso que incluso alojó enfermos mentales fue el Maristán, fundado entre los años 1365 y 1367 por el sultán de Granada Muhammad V, pero que fue convertido en casa de la moneda tras la toma de Granada por los Reyes Católicos. Este hospital contaba con más de cincuenta celdas intercomunicadas y distribuidas en ocho naves y, aunque no existe documentación alguna de procedencia árabe que avale el hecho de que fueran habitadas por enfermos mentales, contamos con el apunte del médico alemán Jerónimo Münzer quien, en el siglo XV, mencionó en su obra *Viaje por España y Portugal. Reino de Granada* el lazareto, la casa cuna y la de los locos, levantadas por los musulmanes.

Desgraciadamente, en 1391 la intolerancia religiosa que tanto criticaría Voltaire siglos después dio sus frutos perversos. Los integristas almohades, por su parte, ya habían puesto en fuga a numerosos intelectuales y científicos, como Maimónides y el mismo Averroes, por haber tratado de armonizar la ciencia con la religión. Los avances cristianos de norte a sur y la conquista de tierras anteriormente musulmanas edificaron una sociedad nueva, en la que se mezclaron elementos de las tres culturas que no tardaron en dar lugar a tensiones sociales. Dichas tensiones derivaron en el proceso de desintegración de la medicina judeoárabe, porque el cristianismo hizo todo lo posible por destruir esas culturas tachadas de paganas o de herejes, como había destruido siglos atrás la cultura grecorromana. Se crearon nuevas castas, la de los moriscos para los musulmanes bautizados de grado o por fuerza y la de los marranos, para los judíos que sufrieron igual suerte.

La medicina musulmana entró en crisis en España cuando los Reyes Católicos ordenaron quemar todos los libros religiosos islámicos, seguramente con la intención de confirmar la autenticidad del cristianismo de los moriscos. Los médicos moriscos aplicaban la medicina de Avicena y Averroes, pero como la tenencia de libros religiosos musulmanes llegó a castigarse con pena de muerte, llegó un momento en que cualquier libro escrito en árabe resultó un peligro para su poseedor. La ciencia árabe sucumbió con Felipe II, en cuyo tiempo encontramos a los moriscos errantes y miserables, enfrentándose a alternativas tan degradantes como emigrar o bautizarse.

El recorte de sus libertades religiosas propició la sublevación de los moriscos granadinos en 1568. Una de las pérdidas que España sufrió por la intolerancia de sus reyes fue la detención de las obras del palacio de Carlos V que se efectuaban en el interior de la Alhambra, ya que los moriscos aportaban ochenta mil ducados anuales para la realización de estos trabajos. Su expulsión definitiva en 1613 por obra y gracia de Felipe III privó a nuestro país de excelentes profesionales, despobló tierras, complicó titularidades y dejó huérfanas nuestras costumbres y nuestra lengua; como dijo Vicente Medina: «¿Qué le podría faltar para ser morisca a mi tierra? Por no faltarle, ni el habla, de palabras moras llena».

Nuestros arabismos

La lengua española conserva numerosos arabismos que utilizamos a diario. Por ejemplo, prácticamente, todas las palabras que empiezan por «al» son de origen árabe, incluso para algunas mantenemos la palabra árabe junto a otra de origen distinto, sea o no latino; son ejemplos albéitar y veterinario, alcancía y hucha, alcayata y escarpia, alicates y tenazas, alcázar y castillo, almoneda y subasta, almirez y mortero, etc. Utilizamos también con frecuencia expresiones árabes castellanizadas como «ojalá».

El empeño de los monarcas españoles en despojar al país de las culturas musulmana y judía puso la medicina (y otras disciplinas) en manos de los curanderos y de los magos, que subsistían junto a los profesionales en el ejercicio de las dos medicinas paralelas, la científica y la mágica. Los conflictos teológicos que se plantearon entre los médicos moriscos y la sociedad cristiana contribuyeron también a la desintegración de la medicina islámica, a la vez que a la de su cultura, reemplazando los tratados de patología médica por escapularios, sortilegios y ungüentos mágicos.

Entre los siglos XIII y XVII, la tasa de médicos en España por habitante era idéntica a la de países tan deprimidos como Abisinia, la gente no distinguía a los cirujanos de los sanadores y los curanderos tenían tanto o más prestigio que los profesionales de la medicina científica, hasta el punto de que eran ellos los que se ocupaban de tratar a las personas reales. Daza Chacón, cirujano español del Renacimiento, denunció los tratamientos que aplicaba un tal Pinterete, que había sido llamado a la corte para atender al príncipe Carlos, hijo de Felipe II[20].

NOCHES TOLEDANAS

Durante el califato, los territorios cristianos se fueron extendiendo de norte a sur, penetrando poco a poco la «tierra de nadie» para enfrentarse a las Marcas, aquellas ciudades fronterizas que Abderramán I señaló como límite y como centros de reunión de contingentes militares. Los que habían de atacar Galicia y Asturias se reunían en Toledo y los destinados a la región pirenaica se reunían en Zaragoza.

---

[20] Fuente: Luis García Ballester, *Historia social de la medicina en España: La minoría musulmana y morisca.*

Pero Toledo era el último reducto musulmán que acogió a los hispano-visigodos que quedaron en tierras ocupadas y cuyo número sobrepasó siempre al de los musulmanes y judíos. De hecho, quedaron allí muchas más iglesias que sinagogas y mezquitas y este fue el caldo de cultivo preciso para las numerosas rebeliones que conmovieron la ciudad, temida por díscola y levantisca por los musulmanes, pero al mismo tiempo mimada por emires y califas, que nunca renunciaron a ganar su voluntad, enviándole los mejores gobernadores y dándole categoría de segunda ciudad del califato.

Además, los pobladores musulmanes de Toledo pertenecían a dos estirpes distintas. Una de ellas, procedente de Yemen, era contraria al gobierno de los omeyas, incluso se habla de un Muza II que se autodenominó tercer rey de los reinos de España. Esto contribuyó en gran manera a las revueltas y algaradas que salpicaban el día a día de Toledo, cuyos habitantes sufrían frecuentísimas represiones, sitios, castigos y allanamientos, especialmente durante las noches, más proclives al asalto que la luz del sol. Verdaderas noches toledanas de saqueo y violación.

También Zaragoza se levantó más de una vez, aunque no tan frecuentemente como Toledo, porque pese a que sus habitantes eran mayoritariamente yemeníes y contrarios a los omeyas, faltaba la chispa hispanovisigoda para prender la mecha de la insurrección. No obstante, hemos visto a un gobernador de Zaragoza poner en peligro el país entero cuando recabó el auxilio de Carlomagno en Aquisgrán. Lo cierto es que los habitantes de Zaragoza eran de armas tomar, por eso Yusuf, el conquistador almorávide, aconsejó a su hijo que mantuviera buena amistad con este reino[21].

---

[21] Al desintegrarse el califato, los gobernadores de los distintos territorios se adjudicaron el título de reyes, de ahí que Yusuf hablara de «reino» al referirse a Zaragoza.

La tercera Marca, Mérida, tampoco estuvo libre de rebeliones. Existen numerosas crónicas árabes de tiempos de los gobernadores de la estirpe de Ibn Marwan, siempre insumisos al emir de Córdoba, que hablan de insurrecciones y de castigos. Incluso hay escritos que señalan el acercamiento del gobernador de Mérida y Badajoz al rey Alfonso III de Asturias en demanda de ayuda para conseguir la independencia y separarse definitivamente del califato.

Y no solamente las Marcas se enfrentaron al califato, sino que en otros lugares tan apartados de las fronteras como Murcia o Mallorca surgieron numerosos focos antiomeyas. Cerca de Almería, la ciudad de Pechina llegó a proclamarse independiente entre los años 884 y 922, rompiendo con Córdoba y autoabasteciéndose gracias al comercio y la piratería.

Mientras los musulmanes se enfrentaban en revueltas y guerras civiles, desgastando sus fuerzas y sus recursos, los cristianos, paso a paso, iban repoblando tierras libres o tierras ocupadas que iban liberando por las armas o por abandono, enviando colonos y contingentes de defensa. Los antiguos caminos romanos que discurrían entre Córdoba y Asturias se llenaron de fortificaciones y torres vigías para impedir el acceso de los moros desde el califato hasta las tierras asturleonesas.

Pero se trataba de tierras yermas, abandonadas, que los musulmanes no atravesaban porque no tenían dónde abastecerse. Fue preciso colonizarlas ofreciendo beneficios a los agricultores y ganaderos que se asentaran en ellas, gentes de distintas procedencias. Eran tiempos en que los campesinos cambiaban con frecuencia de territorio en busca de mejores condiciones de subsistencia; por ejemplo, los ganaderos del norte llevaban los ganados a pasar el invierno a Extremadura y dicen que Alfonso I el Batallador quiso llevar las ovejas aragonesas a pastar a Soria.

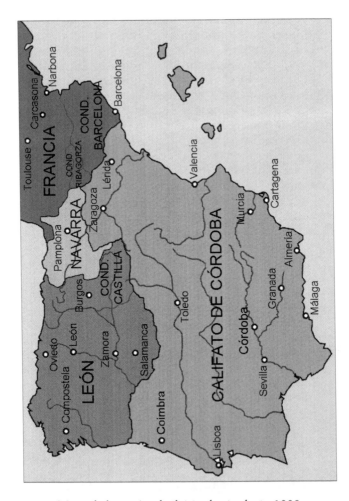

Mapa de la península ibérica hacia el año 1000.

Alfonso VI repobló Galicia, León y Castilla con una población heterogénea compuesta por gascones, bretones, alemanes, ingleses, borgoñones, normandos, provenzales y lombardos. Muchas tierras y ciudades de la cuenca del Duero se repoblaron con asturianos o gallegos. Todavía hay pueblos en Extremadura donde se conserva una lengua galaico-portuguesa y asturleonesa, llamada *a nosa fala,* que mezcla el gallego con el asturiano y con el romance.

5

¡Santiago, y cierra, España!

Querría que vuesa merced me dijese qué es la causa porque dicen los españoles cuando quieren dar alguna batalla, invocando aquel san Diego Matamoros ¡Santiago, y cierra, España! ¿Está por ventura España abierta y de modo que es menester cerrarla, o qué ceremonia es esta?

Simplicísimo eres, Sancho, respondió Don Quijote, y mira que este gran caballero de la cruz bermeja háselo dado Dios a España por patrón y amparo suyo, especialmente en los rigurosos trances que con los moros los españoles han tenido y, así, le invocan y llaman como a defensor suyo en todas las batallas que acometen, y muchas veces le han visto visiblemente en ellas derribando, atropellando, destruyendo y matando los agarenos escuadrones; y desta verdad te pudiera traer muchos ejemplos que en las verdaderas historias españolas se cuentan.

El Quijote
Miguel de Cervantes

Francisco Rodríguez Marín, cervantista y lexicólogo, explicó hace casi un siglo que el célebre grito de guerra debía escribirse con dos comas, una a continuación del nombre de Santiago, ya que se trata de una invocación al Apóstol, y otra antes de la palabra España, porque «cierra» no tiene nada que ver con cerrar, sino con atacar, acometer. No hay nada que cerrar por mucho que Sancho lo buscara, sino atacar a los moros bajo la bandera del santo patrón.

ENTRE MITOS Y REALIDADES

De todas las teorías y versiones existentes sobre lo que fue o pudo ser la llamada Reconquista, podemos quedarnos con la que más se adapte a nuestra propia ideología. Para unos, se trató de una cruzada, una guerra santa contra el islam, que tuvo la finalidad de recuperar para la cristiandad las tierras invadidas y las gentes sojuzgadas por el enemigo pagano. Para otros, los musulmanes trataron durante siglos de establecerse en una tierra que nunca fue suya, porque el país que adoptaron nunca los reconoció más que como invasores o usurpadores. Para otros, la idea de unidad nacional de España se mantuvo viva en el ánimo de los hispano-visigodos durante toda la ocupación musulmana y estalló en el levantamiento de Pelayo en Covadonga, con la fundación del reino de Asturias en lo que hasta entonces fue el ducado asturiano. Para otros, la Reconquista se inició como una rebelión de los habitantes del norte, astures, cántabros y vascones, que se enfrentaron a los invasores musulmanes como en su día se habían enfrentado a los invasores romanos o visigodos, atrincherándose en lo escarpado de sus montañas y rehusando someterse a los conquistadores.

En realidad, la Reconquista fue más bien un largo proceso de ocupación pacífica, armada o negociada de territorios abandonados o bien ocupados y deseables,

La Reconquista se desarrolló por etapas, por sucesos y por siglos. Este mapa muestra la reconquista de las principales ciudades por año.

un largo ir y venir, entrar y salir, luchar y pactar, perder y ganar. Unas veces vencían los musulmanes y tomaban una ciudad o un territorio consolidado como cristiano y otras veces eran los cristianos los que tomaban una ciudad o territorio consolidado como musulmán. La ciudad o territorio podía volver a manos de los anteriores gobernantes o quedar por un tiempo en manos de los nuevos conquistadores. El proceso de avance y ocupación de tierras musulmanas tuvo también sus altibajos, porque no siempre hubo enfrentamientos entre los reyes cristianos y los reyes moros, sino que con frecuencia acordaron pactos indefinidos incluso sancionados por matrimonios mixtos, utilizando a las mujeres nobles como prendas de paz entre ambos bandos. Estos acuerdos tenían muchas veces la finalidad de aliarse contra un enemigo común o contra el enemigo de uno de los aliados.

También sabemos que, en el año 1064, el papa Alejandro II dio a la guerra contra el islam la categoría de «cruzada» o guerra santa, adornando los estandartes guerreros con la cruz y ofreciendo amnistía en el otro mundo a los guerreros, es decir, indulgencias para escapar del Purgatorio. Fue también en el siglo XI cuando, además del acicate de las indulgencias y de los tesoros musulmanes, los vencidos empezaron a pagar tributos a los reyes cristianos, aquellos tributos llamados parias cuyo constante fluir permitió la contratación de mesnadas mercenarias para lanzarse a nuevas conquistas, ya fueran de territorios musulmanes o bien de territorios cristianos ocupados por musulmanes o por cristianos enemigos.

No faltaron las guerras entre reinos o condados vecinos, entre parientes e incluso entre hermanos, porque la ambición y la llamada del poder han sido siempre superiores a cualquier sentimiento patriótico o de unidad. Muchos reyes lucharon denodadamente por conquistar un territorio y unificar reinos o condados para, antes de morir, dividirlos entre sus hijos como si de un patrimonio hereditario se tratase, con lo cual, los reinos unidos se volvían a separar. Una vez muerto el padre, los hijos luchaban entre ellos para arrancar el legado a los hermanos y conseguir la reunificación. Pero, si tenían más de un hijo, estos, muerto el padre, imitaban su comportamiento para dividir el reino de nuevo.

Hubo incluso reyes que se coronaron emperadores con intención unificadora, pero fue más bien un título honorífico que no significó la existencia de imperio alguno; además, todos sin excepción dividieron a su muerte el «imperio» entre sus herederos o fueron sus sucesores quienes se lo repartieron, haciendo caso omiso del testamento real. La Reconquista, que según el infante don Juan Manuel fue un movimiento de recuperación de tierras conquistadas por los moros, poco tuvo que ver con la unificación de los reinos de España y mucho con la ambición de los reyes.

LAS LENGUAS DE LA ESPAÑA CRISTIANA

Antes de la conquista del Sur, la lengua que se hablaba en la España cristiana era una jerga que combinaba la *lingua rustica* de Roma y el godo, áspero y gutural. El castellano evolucionó desde el latín y se extendió hacia el sur al ir conquistando y repoblando tierras que había que fortificar; esas fortificaciones le procuraron el nombre de Castilla.

En la España cristiana se hablaban varias lenguas: el catalán, prácticamente idéntico al provenzal, que se hablaba en Cataluña y Aragón y era el idioma de los trovadores del Languedoc; el castellano, derivado del romance, hablado en Castilla, León y Asturias; el gallego, del que luego derivó el portugués, hablado en Galicia.

Los monjes del reino de Pamplona se acostumbraron a añadir a los libros latinos anotaciones marginales escritas en la lengua que hablaban. Por ello se conoce el testimonio castellano más antiguo, que data del siglo X y procede del monasterio de San Millán de la Cogolla, en la Rioja. A estas lenguas hay que sumar el vasco, que se venía hablando en Euskal Herria desde mucho tiempo atrás.

La Cruz de la Victoria

Según la *Crónica albeldense* número 47, Pelayo era hijo de Veremundo y nieto de Rodrigo y fue elegido por los visigodos para restaurar la monarquía. Según el historiador árabe del siglo XVII al-Maqari Ahmad ben Muhammad (conocido por al-Maqari), que se apoya en crónicas árabes, Pelayo estaba en Córdoba en tiempos de Abdelaziz como rehén para garantizar el comportamiento de los mozárabes cordobeses. Según otros autores, fue allí para conseguir un tratado similar al de Teodomiro. Según cronistas latinos y árabes, reinó diecinueve años, muriendo en el 729. Se alzó durante el ataque de los emires al-Hor y Ambiza a la Galia, venciendo a Munuza, que era por entonces el gobernador de Gijón.

Y como no son crónicas lo que faltan, podemos citar también la *Crónica de Alfonso III,* del siglo X, según la cual Pelayo se refugió en el monte Auseva con un puñado de hombres, todos cuantos pudo arrastrar, ocultándose en una gruta que ya conocía, en la que nace el río Deva. Desde allí, envió mensajes a los astures (no godos) que lo eligieron príncipe (no rey). Al mando de sus hombres, venció en batalla al moro

Alqama, quien, para sorpresa de estudiosos e historiadores, contaba entre sus filas con el propio obispo don Oppas, el famoso tío de Agila al que algunos imputan haber combatido contra don Rodrigo y a quien hacen responsable de la entrada de los musulmanes en España. La victoria de Pelayo se debió a la bendición de la Virgen de Covadonga, que favoreció el empuje de los astures desde el interior de la cueva. Casi dos siglos más tarde, Alfonso III el Magno regaló a la catedral de Oviedo una enorme cruz de oro con incrustaciones de piedras preciosas, para sacralizar el momento en que Pelayo alzó su brazo con la cruz y obtuvo la victoria merced a la protección de la Virgen en la batalla de Covadonga. Es la Cruz de la Victoria que impera en la bandera asturiana.

Frente a todo esto, el historiador árabe al-Maqari describe la escena en que los musulmanes avistaron a Pelayo en las proximidades de Covadonga, pastoreando treinta asnos salvajes, visto lo cual se retiraron tranquilos. No había peligro.

Una hipótesis actual es que el ducado de Asturias, creado en el siglo VII, pudo caer bajo la dominación musulmana hasta que Pelayo se levantó acaudillando a los habitantes de la región, es decir, los astures, y que a ellos se unieron posteriormente los hispano-visigodos y los mozárabes emigrados de al-Ándalus. Pelayo pudo incluso proceder del antiguo reino visigodo de Toledo y la Reconquista ser un proceso de nacimiento y consolidación de núcleos cristianos.

Según autores actuales, Pelayo no ostentó el título de rey. Murió en el año 737 en Cangas de Onís, la entonces capital asturiana. El primer rey de Asturias o, al menos, el primer rey significativo, parece que fue Alfonso I el Católico, quien, según la *Crónica albeldense,* «yermó los campos góticos», es decir, recorrió la cuenca del Duero y llevó consigo a los pocos habitantes

La Cruz de la Victoria.
Cámara Santa de la Catedral de Oviedo.

que encontró para instalarlos en las tierras del norte. Más tarde, el rey Silo trasladó la capital a Pravia, por ser lugar más central y punto de encuentro de viales y calzadas romanas. Fue Alfonso II el Casto quien la llevó a Oviedo, donde restauró el ritual gótico tanto para la iglesia como para el palacio.

LAS CIEN DONCELLAS

A Alfonso II el Casto le sucedió Ramiro I, durante cuyo reinado tuvo lugar el ataque de los vikingos a Lisboa, Galicia y Gijón. Vimos anteriormente que fue Abderramán II quien los derrotó en Tablada. En lo que concierne al avance de los cristianos hacia el sur, que es lo que ahora nos interesa, sabemos que, en tiempo de este rey, los astures se extendieron hasta Tuy, Astorga y León, cuyas murallas mandó restaurar y donde estableció la sede episcopal y el palacio real.

Ramiro I fue el vencedor de la mítica batalla de Clavijo, ganada, según la leyenda, gracias al auxilio de Santiago, que apareció en medio del fragor guerrero montando un caballo blanco y ahuyentando a los moros. También es legendario el motivo de esta batalla, pues se dice que el emir musulmán exigía el pago anual de un tributo de cien muchachas vírgenes, el célebre «Tributo de las cien doncellas» que finalizó con la victoria del apóstol Santiago contra el ejército musulmán. En realidad, parece que no hubo ni tal batalla ni tal victoria ni por supuesto tal tributo, sino que fueron las tropas de Abderramán II las que vencieron a las de Ramiro I en la ciudad de Albelda, en la Rioja. Y, si hubo una batalla en Clavijo, le tocó librarla a Ordoño I, hijo de Ramiro I y, además, contra una facción musulmana pero de origen cristiano, los beni qasi, que eran descendientes de los godos.

Nacen los reinos cristianos

Alfonso III el Magno venció a los ejércitos musulmanes que llegaron a Astorga desde Córdoba y Toledo en una batalla que tuvo lugar a orillas del río Órbigo. Este rey inició la repoblación de las tierras de nadie desertizadas y abandonadas, llevando colonos hasta la cuenca del Duero y ocupando Coímbra, Oporto, Zamora, Toro, Simancas y Dueñas. Su hijo y sucesor, García I, trasladó la corte a León y ocupó territorios en Soria.

Estos reyes, como todos los de los tres primeros siglos de la Reconquista, fueron caudillos militares preocupados no solamente por arrebatar territorios, sino por repoblar tierras libres o liberadas que iban fortificando, de manera que el reino cristiano se fuera no solamente extendiendo, sino consolidando, algo que ya vimos que olvidaron hacer los musulmanes. Las fortificaciones que poblaron los nuevos territorios cristianos les valieron el nombre de Castilla.

A la muerte de Ordoño II de León, sus hijos se dividieron el reino, de modo que Alfonso IV se coronó como rey de León y Sancho Ordóñez como rey de Galicia, un nuevo reino que se extendía desde la costa del Cantábrico hasta el río Miño. El hermano menor, Ramiro, recibió los territorios que entonces configuraban la Portugal cristiana, con capital en Viseu. Dado que Sancho murió sin descendencia, el reino de Galicia retornó a la corona de León y Portugal quedó como feudataria.

Finalizando el siglo x, Ramiro II venció a Abderramán III en Simancas, como vimos en el capítulo 3, y llevó a cabo la repoblación de Salamanca. En su reinado surgieron los condados de Burgos, Álava y Castilla. El primer conde de Castilla, Fernán González, llamado «padre de la patria castellana», fue vasallo del rey de León, como lo era todavía Portugal.

Los reyes cristianos mantuvieron, en general, buenas relaciones con el califato, hasta que Almanzor militarizó el país e inició las razias que finalizaron con la victoria de Calatañazor. Dicen las crónicas que, a su muerte en Medinaceli, «fue enterrado en los infiernos». Los ataques de Almanzor, sin embargo, tuvieron un efecto positivo para los reinos cristianos, porque impulsaron a los vascones del Pirineo, que ya habían creado el reino de Navarra, a buscar la unión con los leoneses mediante matrimonios que establecieran relaciones firmes frente al enemigo común.

En el siglo IX, el rey de Navarra García Íñiguez tuvo también que enfrentarse a los normandos que llegaron por el Ebro hasta Pamplona. Ya en el siglo X, se inició una nueva dinastía navarra con Sancho Garcés I, cuyo heredero, García Sánchez I, se casó con la heredera del condado de Aragón, doña Androgoto Galíndez, uniendo Navarra y Aragón bajo una misma corona. Y como el condado de Aragón estaba ligado íntimamente al reino carolingio, la ayuda de los francos les permitió recuperar Gerona y Barcelona de manos musulmanas.

En el año 878, Wilfredo el Velloso, el noble más poderoso de la Marca Hispánica, recibió los condados de Barcelona, Besalú y Gerona de manos del rey carolingio Carlos el Calvo. Pero fue el último conde designado por el imperio carolingio, porque reunió los condados catalanes en torno a Barcelona como patrimonio de su casa condal y, a su muerte, los legó a sus herederos. De esta manera, el condado de Barcelona pasó a convertirse en hereditario y a liberarse de la designación carolingia. La independencia catalana se consolidó con Borrell II, a finales del siglo X, quien aprovechó las guerras contra Almanzor para separarse definitivamente del reino carolingio.

Una vez formados los reinos de León y Navarra-Aragón y los condados catalanes, no tardó en surgir el reino de Castilla. Pero tampoco tardaron sus gobernantes en enzarzarse en guerras y querellas para separar los reinos unidos y dividir los territorios consolidados.

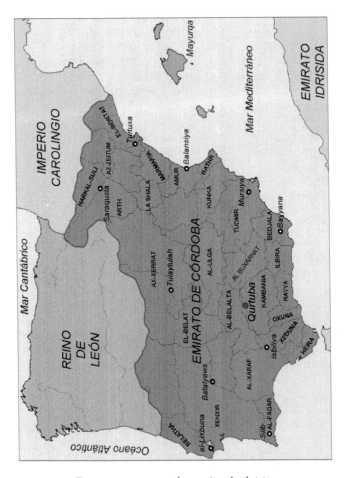

Este mapa muestra la península ibérica
en el año 929.

LA MARCA HISPÁNICA

Para poner su reino a salvo, Carlomagno construyó una frontera fuertemente fortificada, similar al *limes* romano, a lo largo de la franja que recorre el sur de los Pirineos y la llamó Marca Hispánica. Fue la primera frontera estable entre el islam y los reinos cristianos. Aquella zona fronteriza se dividió en condados gobernados por condes (los *comes* romanos), dependientes del reino franco. En el siglo IX, los condes navarros y los aragoneses se independizaron del reino carolingio.

LA JURA DE SANTA GADEA

Allá en tierra leonesa
un rincón se me olvidaba,
Zamora tiene por nombre,
Zamora la bien cercada,
de un lado la cerca el Duero,
del otro peña tajada.
¡Quien vos la quitare, hija,
la mi maldición le caiga!
Todos dicen: «Amen, amen»,
sino don Sancho que calla.

Romance anónimo de la infanta doña Urraca

En 1065 murió Fernando I de León y de Castilla, habiendo repartido el reino entre sus hijos, como dijimos que era la costumbre. A su hijo mayor, Sancho, le legó Castilla y las parias de la taifa de Zaragoza; al segundo, Alfonso, le legó León y las parias de la taifa de Toledo; al tercero, García, le dejó Galicia y las parias de Sevilla y Badajoz, y a sus hijas Elvira y Urraca les legó respectivamente Toro y Zamora. Tenemos ya el primer reino, León, no solamente repartido, sino desmenuzado.

Además, como era de suponer, Sancho no estuvo de acuerdo con el testamento de su padre, ya lo anuncia claramente el romance. Él era el primogénito y se creía con derecho a heredar todo el reino. En consecuencia, los hermanos se enfrentaron en una guerra fratricida que llevó a Alfonso a refugiarse en Toledo, donde el gobernador al-Qadir, que ya le pagaba parias desde tiempo atrás, no solamente lo acogió, sino que le entregó la ciudad sin lucha. Pero la guerra continuó y Sancho venció en la batalla de Llantada; aquella vez, Alfonso buscó asilo tras las murallas de la ciudad de Zamora, donde gobernaba su hermana Urraca, que le había ofrecido apoyo y amparo.

Sancho puso sitio a Zamora, la que no se ganó en una hora porque sus hermanos resistieron al abrigo de sus sólidas murallas; pero el curso de la lucha cambió una noche de sentido y el agresor murió durante el asedio porque Vellido Dolfos le asesinó a traición tendiéndole una celada. Le hizo creer que había desertado de las filas de Urraca y Alfonso para pasar a las suyas y que estaba dispuesto a mostrarle los puntos débiles de la muralla zamorana. Sancho le creyó, salió con él sin guardia y su confianza le costó la vida.

Sin embargo, cuando Alfonso se presentó a reclamar la corona de Castilla, se encontró con un vasallo díscolo e insolente, Rodrigo Díaz de Vivar, que le puso como condición jurar ante el altar de Santa Gadea de Burgos que nada había tenido que ver en la muerte de su hermano Sancho. Si no había juramento, no habría corona.

> Villanos te maten, Alonso,
> villanos, que no hidalgos,
> de las Asturias de Oviedo,

que no sean castellanos;
mátente con aguijadas,
no con lanzas ni con dardos;
con cuchillos cachicuernos,
no con puñales dorados.

Esto es lo que cuenta el *Poema de mío Cid*, un personaje cuya leyenda y cuya historia se solapan permitiendo apenas vislumbrar la realidad. Dicen que Rodrigo Díaz de Vivar fue un noble castellano, uno de aquellos gigantes guerreros que pueblan la historia, de fuerza física descomunal pero de moral íntegra, obediente y buen vasallo para su señor, como asegura el romance: «¡Dios! ¡Qué buen vasallo si tuviese buen señor!».

Díscolo a la hora de obligarle al juramento, se mostró después obediente hasta el punto de aceptar el destierro a que Alfonso VI le castigó por aquella humillación de Santa Gadea y, cuando conquistó Valencia y se hizo dueño del inmenso tesoro del rey musulmán valenciano, en lugar de guardarse las riquezas envió una gran parte al rey, junto con un mensaje suplicando su perdón. Fue su primo Alvar de Minaya quien presentó al rey el regalo y la demanda: «Merced, señor Alfonso, por merced del Creador, os besaría las manos mío Cid el lidiador».

Hubo reconciliación sellada mediante el matrimonio de las hijas del Cid con los infantes de Carrión, un acuerdo que, según el poema, terminó de manera desastrosa porque los infantes vengaron en la carne de sus esposas la vergüenza que les arrojó encima su suegro, quien demostró públicamente la cobardía de sus yernos a la hora de combatir. En venganza, los infantes humillados maltrataron a sus esposas en un escenario que la historia recuerda como «La afrenta de Corpes», en el cual las hijas del Cid aparecen abandonadas en el robledal de Corpes, vejadas y medio desnudas.

La afrenta de Corpes aparece en los romances, en las historias y en la pintura. Dióscoro Teófilo de la Puebla Tolín es autor de *Las hijas del Cid,* que se conserva en el Museo del Prado, Madrid.

La mayoría de los autores españoles están de acuerdo en que el Cid, como muchos caballeros de la época, peleó unas veces al lado de un señor cristiano en contra de un caudillo musulmán y otras junto a un señor musulmán y contra un caudillo cristiano. Existe una crónica con tintes de leyenda de un historiador árabe del siglo XII, Ibn Bassam de Santarem, que asegura que Rodrigo Díaz de Vivar estuvo a punto de coronarse rey de Castilla, alegando que si un Rodrigo reinó sin proceder de estirpe real y, además, perdió España, otro Rodrigo bien podía reinar y, además, recuperar España.

NACE LA MONARQUÍA CASTELLANA

En 1085, Alfonso VI, ya rey de Castilla y León, conquistó oficialmente Toledo, la antigua capital visigoda y la Marca más importante de los musulmanes. Sin embargo, aunque las crónicas le pintan entrando triunfante a caballo, con la espada en la mano, más que una conquista parece que fue una entrega pacífica. Ya dijimos que el gobernador le ofreció la ciudad sin resistencia cuando se refugió en ella huyendo de su hermano Sancho.

En todo caso, lo que sí sabemos es que la monarquía castellana se inició con Alfonso VI quien, además de Toledo, conquistó Valencia, con o sin el Cid. Fue el principio de una época de lujo, boato y esplendor, en la que los reyes cristianos empezaron a copiar a los musulmanes en su refinamiento y llegaron incluso a adquirir cierta cultura. Se codearon con los reyes europeos, con intercambio de princesas y, sobre todo, se produjo un cambio radical en los valores y atributos reales, no sólo porque los reyes empezaron a bañarse, sino porque ya no solamente se valoró la fuerza y el vigor, además, se empezaron a tener en cuenta valores como la justicia, la prudencia, la sagacidad e incluso la cultura.

El progreso también alcanzó a las reinas. Hasta el siglo X, sabemos que vestían ropas cortas y que se afanaban en labores más propias de sirvientas. En el siglo XI, las reinas vestían ropas talares con mangas anchísimas que colgaban sobre la falda. Ya no tenían que trabajar y entretenían su tiempo con sus damas, con labores, con la poesía y con la música. Había dinero y había paz.

La hija de Alfonso VI, la celebérrima doña Urraca[22], tiene también su historia y su leyenda, merced esta última a

---

[22] La hija de Alfonso VI fue doña Urraca de León. No hay que confundirla con su tía, hermana de este rey, doña Urraca de Zamora.

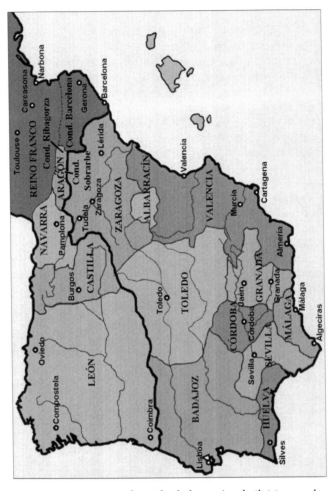

Este mapa muestra el estado de la península ibérica en el año 1037.

su temperamento erótico. La corte castellana era, según vemos por las crónicas, no solamente lujosa y opulenta, sino de anchas mangas y escasas virtudes. En ella se educó doña Urraca, que se casó con el conde Raimundo de Borgoña, elegante y refinado, del que quedó viuda siendo aún joven y hermosa. Por consejo de sus mayores, se casó de nuevo con Alfonso I el Batallador, rey de Navarra y Aragón, al que «ningún príncipe cristiano superó en valor» y del que los árabes decían que «con su muerte, Alá permitió respirar a los fieles». Esto evoca la estampa de un soldado montaraz, rudo y zafio, capaz de conquistar Zaragoza, Tudela y Calatayud, pero incapaz de conquistar el corazón de su esposa, que supo consolarse fundando un nuevo linaje, el de los Hurtado, con un antiguo amigo al que reencontró en la corte castellana, el conde de Candespina.

Dicen que su esposo, ofendido, la trató brutalmente de palabra y de obra. No lo sabemos con certeza, pero dicen también que, como al casar con doña Urraca recibió derechos sobre Castilla y León, hubo una revuelta de castellanos que se negaron a admitirle y que Alfonso el Batallador ordenó cortar las cabezas de los principales revoltosos y hervirlas para que mantuvieran más tiempo los rasgos de sus propietarios y pudiera mostrarlas como ejemplo de lo que le esperaba a quien se revolviese contra su señor.

EL FEUDALISMO EN ESPAÑA

El feudalismo se inició en Europa con los ataques de los bárbaros, que destruyeron la vida municipal y llevaron a los ciudadanos a solicitar el amparo de la espada o del báculo, a cambio de su servidumbre incondicional. Pero en el siglo X no estaba todavía bien asentado y era un tiempo en que los vasallos se enfrentaban a sus señores, con los que se comportaban no sólo de manera díscola y desobediente, sino, incluso, insolente. La autoridad real no se basaba en el linaje, sino en las aptitudes para la lucha y en la capacidad de arrastrar huestes a la batalla y liderarlas hacia la victoria. Los nobles y los ricohombres eran temibles porque contaban con las mismas armas que su señor y, en muchas ocasiones, con mayores riquezas para pagar mesnadas mercenarias. En el siglo XI las cosas cambiaron. Los vasallos comenzaron a luchar entre sí, no contra su señor, y los reyes empezaron a considerar el reino como un bien privado y hereditario.

El sistema feudal se comportaba como dice Konrad Lorenz que se comportan las gallinas. Hay una que picotea a las demás y a la que ninguna puede picotear, hay otra categoría de gallinas que reciben picotazos de las de arriba y, a cambio, picotean a las de abajo y, finalmente, hay un último nivel de gallinas que sufren los picotazos de todas pero sin derecho a picotear a ninguna. En el sistema feudal, el papa se hallaba en el lugar de la gallina que goza de todos los derechos y el rey se situaba unas veces a la par y otras por debajo de él, según el lugar y el momento; la nobleza y el alto clero formaban la jerarquía inmediatamente inferior; la burguesía, debajo, y, finalmente, recibiendo todos los picotazos y sin tener a quién picotear, los vasallos, es decir, campesinos, artesanos y clero de a pie.

Aun sin derecho a picotear, entre 1109 y 1110 se produjo una tremenda revuelta, en la que los campesinos se levantaron contra la nobleza y el clero, persiguiéndolos y saqueando sus palacios, iglesias y monasterios, hartos de tener que mantenerlos con su trabajo y de sufrir su opresión. Los comerciantes se negaron a pagar impuestos a los monasterios y el bajo clero también se levantó contra los abades y obispos. Esta primera revolución social se extendió desde Santiago de Compostela hasta Navarra, por toda la cuenca del Duero.

La sublevación empujó a doña Urraca a enfrentarse a su esposo, para lo cual se unió con el conde Gómez de Candespina, que encabezó la lucha de la nobleza castellana contra el Batallador, el cual al fin y al cabo era aragonés. El objeto principal de tanta oposición parece que fue la derogación de las leyes feudales de Alfonso VI. También puede que influyera en el ánimo de doña Urraca su intención de que el hijo que hubo de su primer matrimonio, el príncipe Alfonso, recibiera el título de heredero, cuando «el Batallador» ya había decidido legar sus reinos a la Iglesia, toda vez que no tuvo hijos propios. Algunas crónicas dicen que legó el reino a las órdenes militares que en aquellos tiempos se creaban para recuperar Tierra Santa de manos infieles, lo cual tiene mucho sentido, ya que el Batallador tuvo siempre espíritu de cruzado y si tomó Valencia y Tortosa, lo hizo para despejar puertos que le permitieran embarcar hacia Jerusalén. Pero murió a manos musulmanas durante el sitio de Fraga, lo que produjo un nuevo parón en la Reconquista y una nueva división de la España cristiana.

LA OFENSA QUE DIVIDIÓ UN REINO

A la muerte de Alfonso el Batallador, los nobles decidieron hacer caso omiso de su testamento y quisieron coronar rey de Navarra y Aragón a don Pedro de Atarés, señor de Borja. Esta decisión no solamente frustró las esperanzas de las órdenes militares a las que «el Batallador» había legado sus reinos, sino también las del príncipe Alfonso, el hijo de doña Urraca, por cuya herencia se había enfrentado la reina a su segundo marido.

Cuenta la *Crónica de San Juan de la Peña* que, cuando fueron a llevarle la buena nueva, el señor de Borja se encontraba en el baño y dio orden a sus porteros de que no abrieran a nadie. Ofendidos, los nobles encabezados por don Pedro Tizón de Calaceite tomaron una decisión que dividió el reino en dos partes, porque eligieron a Ramiro II el Monje como rey de Aragón y a García Ramírez el Restaurador como rey de Navarra.

De Ramiro II, el reino pasó a su hija Petronila, que naturalmente hubo de encontrar marido para poder reinar, siendo el elegido Ramón Berenguer IV, conde de Barcelona. Pero, al contrario que «el Batallador», este conde rehusó aceptar la corona de Aragón, alegando que ya era uno de los mejores condes del mundo y que, si se llamase rey, no sería de los mayores sino de los menores. Finalmente, aceptó el título de príncipe. Sea leyenda o sea verdad, lo cierto es que con aquel matrimonio se unieron los reinos de Aragón y Cataluña.

Como vemos, el surgimiento de núcleos cristianos y la formación de condados y reinos nada tuvo que ver con los ideales de reconquista y cruzada que describieron los historiadores del siglo XIX.

Baños para ablandar las carnes

«Fízolo bañar, vistiólo un xamet de muy gran precio…». Eso dicen que hizo el conde Fernán González después de matar de un lanzazo al conde de Toro. Después de aderezar al muerto, lo enterró en un ataúd con clavos de plata. Y es que, mientras los musulmanes construían sus *hammanes* gratuitos para el gran público, los cristianos reservaban el baño para ablandar las carnes de los muertos antes de amortajarlos. Eso sí, en la mesa de los nobles, antes de las comidas, era obligatoria la ablución de manos con aguamaniles de plata. El agua fresca para lavar el rostro no se empleó hasta casi el siglo XVIII, por ser opinión común que su contacto dañaba el cutis.

Durante la comida, en la que se utilizaban cuchillos para cortar y escudillas tanto para comer como para beber, el vino se calentaba con barras de hierro candentes y la abstinencia de los viernes se solucionaba con ocas y patos, ya que las palmípedas, seguramente por andar más en el agua que en tierra firme, se consideraban pescado en aquellos tiempos.

Las crónicas y leyendas de la época describen escenas de amor en las que el caballero apoya su cabeza sobre el regazo de la dama. Pero, como bien dice Gabriel Maura, ella no pasaba sus suaves manos por los cabellos del caballero para acariciárselos, sino para despojarle de molestas liendres. El peine no pasaba de ser un objeto casi litúrgico, porque se empleaba exclusivamente en la sacristía para recomponer el peinado del oficiante antes de la misa.

La rudeza militar, de la que ya comentamos que era el mejor atributo de los reyes, contrastaba con el fervor religioso, a base de misa diaria «antes del primer yantar» y de donaciones a las iglesias que recibían reliquias y tesoros, algo que puso de moda el Imperio bizantino. También se acostumbraba a purgar los grandes crímenes con grandes penitencias. Por ejemplo, Alfonso IV, que había cedido la corona a su hermano Ramiro II para retirarse a un convento, tuvo que salir precipitadamente ante el levantamiento de sus sobrinos, los hijos de Fruela II, que era el hermano mayor, fallecido, y por tanto estos se consideraban con más derecho al trono que su tío. Ramiro venció en la batalla y mandó cegar a su hermano y a sus sobrinos para que no volvieran a pretender la corona, encerrándolos en un mismo convento que, a manera de penitencia, mandó construir para gloria de san Julián.

Fernán González, el primer conde de Castilla, murió dejando heredero a su hijo Sancho. La viuda del conde, Sancha, mostró deseos de acceder a la petición de matrimonio de un rey moro, algo que su hijo no estaba dispuesto a consentir. Para eliminar aquella traba, Sancha preparó un veneno que puso en el vino de su hijo pero este, advertido por sirvientes que le eran fieles, obligó a su madre a beber la pócima asesina. Shakespeare escribió algo parecido en *Hamlet,* aunque concedió a la tragedia la inocencia de la casualidad. La penitencia de Sancho, el hijo matricida, fue también la construcción de un monasterio.

Más feos que Satán con todo su convento

En el año 1031, con la desaparición del califato, España quedó convertida en un mosaico de pequeños reinos, musulmanes y cristianos, que unas veces se aliaron y otras se enfrentaron. Fue el tiempo en que los reinos cristianos crecieron a expensas de los musulmanes, porque las taifas de Zaragoza, Toledo, Badajoz, Granada y Sevilla llegaron a pagar grandes sumas en concepto de ayudas o tributos, lo que se llamó «parias» y que, como ya se apuntó, permitieron a los reyes cristianos no solamente avanzar y crecer, sino modernizar sus recursos, tanto guerreros como áulicos y religiosos, iniciando una etapa de lujo y refinamiento aprendidos de los musulmanes y de avances que se cortaron de raíz con la llegada de los almorávides. Con ellos, la Reconquista se detuvo durante un siglo.

Puros africanos, los almorávides, «más feos que Satán con todo su convento», eran una confederación de pueblos bereberes cuyo nombre parece proceder de al-murabit, 'hombres del *ribat*', algo similar a nuestras órdenes monacales guerreras, como apuntamos anteriormente.

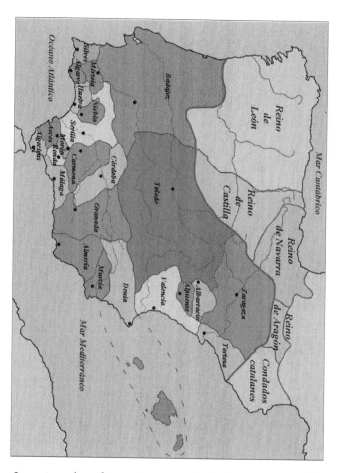

Los reinos de taifas surgieron a partir de la desaparición del califato de Córdoba. La península ibérica estuvo dividida en reinos cambiantes, tanto musulmanes como cristianos.

Habían establecido un sólido imperio en el norte de África con capital en Marrakech, fundada en 1070. Ante su avance imparable, el *Poema de Fernán González* echó mano del determinismo para señalar que «bien vemos que Dios quiere a moros ayudar».

Dicen que eran integristas, pero quienes así lo creyeron no habían conocido todavía a los almohades, invasores posteriores que hicieron saber a los «enemigos de Dios» lo que era el fanatismo religioso. Los almorávides aceptaban que la doctrina de Mahoma es evidente en sí misma, pero también aceptaban que es posible utilizar el raciocinio para probar los dogmas. Sin embargo, para los almohades, la sola idea de emplear la razón para pedir pruebas de dogmas religiosos era una herejía. Los almohades, cuyo nombre significa 'unitarios' o 'monoteístas', reprocharon a los almorávides la debilidad de su fe. Su intransigencia en asuntos religiosos se refleja incluso en su gusto artístico, severo y sin concesiones, porque convirtieron en figuras geométricas todos los adornos y figuras a los que los anteriores dieron forma, si no humana, al menos animal o vegetal.

Menos dogmáticos y más prácticos, los almorávides se dedicaron a construir mezquitas llenando de reproches a los habitantes de las ciudades cuando encontraban una sola calle que careciera de su mezquita. Los almohades, por el contrario, estaban tan seguros de su fe que se permitieron convivir con los objetos bellos sin que su presencia perturbase su misticismo y, por eso, en lugar de construir tantas mezquitas, erigieron palacios.

De hecho, el primer caudillo almohade, Abd al-Mumín, que era hijo de un alfarero marroquí, pensó que sería útil para sus creencias religiosas rodearse de pompa mundana e inició la construcción de palacios en al-Ándalus, a los que siguieron nuevos palacios en Marruecos. Fue el mecenas protector de intelectuales y científicos como Averroes o Ibn Zohar. Y fue el tercer caudillo almohade,

Abu Yusuf Yaqub, quien erigió en ambos reinos mezquitas similares con alminares que parecen una copia, como la Giralda de Sevilla y la Kutubia de Marrakech.

En el año 1086, el caudillo almorávide Yusuf ibn Tasfin desembarcó en Algeciras y derrotó a Alfonso VI en la batalla de Zalaca, la de los tambores almorávides y que, según dicen, detuvo la historia de la Reconquista durante un siglo. Las crónicas musulmanas, como la de Ibn Abi Zai, cuentan que en ella murieron los reyes politeístas enemigos de Dios y que sufrieron el martirio más de tres mil musulmanes. El historiador Pedro Voltes añade a esto la torpeza de Alfonso VI, que lanzó la caballería desde cinco kilómetros atrás y, cuando llegaron a la línea de batalla, estaban tan agotados caballos y jinetes que no ofrecieron gran resistencia. Además, el ataque de la caballería cristiana se llevó a cabo en llano, sin cubrir las espaldas ni guardar recursos.

Yusuf, que había sabido contar con los recursos militares de Badajoz, regresó victorioso a Marruecos, de donde volvería cuatro años más tarde, llamado de nuevo por al-Mutamid (el rey poeta de la taifa de Sevilla) y dispuesto a reunir las taifas en lo que antes fuera al-Ándalus, porque los clérigos almorávides de Marruecos le habían prometido convencer a los ejércitos para acompañarle si agregaba al-Ándalus al imperio que pronto se extendería desde el río Níger hasta Zaragoza.

Al-Mutamid, el ingenuo rey poeta sevillano, le llamó de nuevo sin atender las advertencias de los suyos, que le previnieron de que, si llamaba a los fanáticos del otro lado del estrecho de Gibraltar, labraría su ruina y la de todo al-Ándalus, pues vendrían a quedarse con todo. Cuando se dio cuenta de que había cometido el mayor error de su vida, pidió ayuda a Alfonso VI, quien como era de esperar se la negó prefiriendo reservar sus fuerzas para defender territorios cristianos y no musulmanes. Y ya vimos a al-Mutamid acabar sus días en la torre marroquí de Agmat.

Primero, Yusuf conquistó Granada, Sevilla y Badajoz. Dicen que, al entrar en Granada, lejos de emplear los refinamientos de los omeyas, las tropas almorávides desnudaron al rey y a la reina madre para asegurarse de que no escondían joyas bajo sus ropas.

En 1108, su hijo Yusuf II venció de nuevo a Alfonso VI en la batalla de Uclés y agregó Zaragoza y Baleares al territorio musulmán. Cuenta también Pedro Voltes que el caudillo victorioso dio al lugar el nombre de Siete Puercos, pero que más tarde, cuando pasó a manos de cristianos, el comendador don Pedro le cambió el nombre por Siete Condes, nombre que finalmente ha derivado en Sicuendes.

Vemos que la Reconquista no solamente se detuvo, sino que retrocedió, aunque los reyes de Aragón volvieron a luchar por recuperar Zaragoza. Pedro I consiguió retomar Huesca y Barbastro y colonizar gran parte de aquella «tierra de nadie» que aún quedaba yerma en las Bardenas, dando el nombre de «tierras nuevas» a los territorios repoblados con colonos cristianos.

Los almorávides tomaron también Valencia, una vez muerto Rodrigo Díaz de Vivar. Su viuda huyó a Burgos llevando consigo el cadáver del Cid para enterrarlo allí. Hoy puede verse su sepulcro en la catedral junto al de doña Jimena. Fue el de los almorávides un segundo reino de taifas, porque no unificaron al-Ándalus, sino que mantuvieron los pequeños reinos independientes que habían surgido al desmoronarse el califato.

Desde el oriente peninsular, Ramón Berenguer IV, conde de Barcelona, reconquistó Tortosa y Lérida y las repobló con catalanes a los que concedió fueros y beneficios. Ya dijimos que eran tierras desiertas, abandonadas y amenazadas por los musulmanes y que solamente los fueros y las prebendas convencían a los colonos para decidirse a repoblarlas.

El camino de Aragón a Valencia se abrió con la toma de Albarracín y Teruel. En Albarracín, el caballero navarro Pedro Ruiz de Azagra creó un señorío independiente y, en Teruel, Alfonso II puso todo su empeño para cristianizar la ciudad, que llevaba impreso el sello característico de villa musulmana. Pero, como seguía estando de moda lo árabe, encargó la construcción de iglesias y palacios a contratistas mudéjares que no solamente eran albañiles, sino decoradores, y que estaban especializados en distintos trabajos; había pedreros para las bóvedas y albañiles para la yesería, que bordaron los muros de ladrillos de colores y llenaron Aragón de preciosas torres moriscas, merecedoras del elogio de fray Luis de León: «aquel que admira el dorado techo del sabio moro fabricado».

Y es que, a medida que los cristianos avanzaban en tierras moras, se admiraban de las maravillas que iban encontrando, por lo que empezaron a utilizar su estilo o sus arquitectos para fortificar castillos y murallas, ya que tenían que defender sus ciudades no solamente de los moros, sino de sus propios súbditos y de los otros reyes cristianos, muchas veces, como hemos visto, sus propios hermanos. Así podemos encontrar torres y alcázares de decoración exquisita en los que se adivina al constructor mudéjar por la jaculatoria de las cerámicas: «El imperio es de Alá».

Los moriscos, por cierto, crearon tiempo después en Aragón una comunidad importante de artesanos y científicos, que conservaba sus aljamas y sus costumbres y hablaba una jerga ininteligible para los cristianos aragoneses, que los respetaban por su erudición. La biblioteca morisca de Almonacid, por ejemplo, era muy superior a la de cualquier parroquia cristiana de Aragón. Pero la mayor aspiración almorávide, la joya de la corona, Toledo, resistió y quedó definitivamente en manos cristianas, porque era la ciudad destinada a alojar la sede de un nuevo imperio, el Imperio de las Españas.

Los cristianos admiraron e imitaron el arte de los musulmanes a medida que fueron recuperando tierras y ciudades. El cimborrio mudéjar de la catedral de Teruel es una muestra.

¡Viva el emperador de las Españas!

Tan noble corte ni tal guisamento non la avie en ninguna parte ni nunca vi tanta nobleza de cosas tan muchas y tan nobles todas.

Crónica general

De forma tan admirativa describió el rey de Francia, Luis VII, la corte de Alfonso VII de Castilla. La *Crónica general* describe el refinamiento y la opulencia del séquito castellano que acompañó al rey francés en su peregrinación a Compostela, así como la lujosa vestimenta de la emperatriz y de sus damas, las fiestas con las que se agasajó al ilustre visitante, casado, por cierto, con

228

Isabel, hija del rey castellano. Pero lo que parece que más impactó al monarca francés fue una sesión de las Cortes de Toledo a la que asistió como invitado especial.

En el siglo XII, los almohades, nuevos invasores procedentes del norte de África, habían reunificado al-Ándalus y los reinos cristianos habían avanzado hasta repoblar el valle del Tajo y poner los cimientos de Castilla la Nueva. Portugal era cristiano y también lo era el puerto más importante del Mediterráneo, Almería, que Alfonso VII tomó en 1147 con ayuda de catalanes y genoveses, cuyos comerciantes deseaban disponer de él para sus transacciones. Si con la llegada de los almorávides se rompió en gran medida la coexistencia entre musulmanes y cristianos, los almohades terminaron de profundizar entre la brecha que ya los dividía.

Los reyes cristianos se habían seguido enriqueciendo a pesar de haber perdido las parias, pero contaban ahora con las riquezas arrebatadas a los vencidos. Se cuenta que Alfonso VII pagó a los soldados genoveses que contribuyeron a la toma de Almería con una sola escudilla tallada en esmeraldas. Cuál no sería su valor. Para entonces, debían de existir ya los baños públicos y ser habituales en las viviendas pudientes, porque otro de los pagos que los genoveses exigieron fue el de villas con iglesias, baño y jardines. Sabemos que los nobles se aseaban siempre antes de la cena, por ser la hora en que finalizaban sus ejercicios corporales y se presentaban ante las damas.

En Castilla, aquel hijo que doña Urraca tuvo con su primer esposo borgoñón, el príncipe Alfonso, había sabido esperar su momento. Y su momento llegó el domingo de Pentecostés del año 1135, cuando fue coronado emperador en la iglesia de Santa María de Regla de León, hoy catedral.

Cuentan que entró en el templo cubierto por una capa de oro más rica y ostentosa que la del arzobispo y acompañado por dos personalidades que lo llevaban de la mano. La mano derecha, el rey de Navarra, y la izquierda, el obispo de León. Después del solemne *Te Deum,* el arzobispo de Toledo le aplicó la unción sacramental y puso en su cabeza la corona y en su mano derecha el cetro, mientras el pueblo aclamaba con grandes voces: «¡Viva el emperador de las Españas!».

Pero el nuevo emperador, Alfonso VII, a pesar de que reinstauró aquellas leyes feudales de su abuelo Alfonso VI que causaran la primera revolución social de Castilla, no mantuvo la unidad de su imperio durante mucho tiempo. En 1143, tuvo que reconocer la independencia de Alfonso I Enríquez como rey de Portugal; poco después, en 1151, decidió ponerse al lado de Aragón, que se enfrentaba con Navarra, lo que le costó la enemistad del rey García V de Navarra y le llevó a la firma del Tratado de Tudillén, para repartirse de forma ordenada los territorios que fueran arrancando a las manos musulmanas y en el que reconocía a Ramón Berenguer IV el derecho a reconquistar Valencia, Denia y Murcia.

Así terminó el sueño imperial de Alfonso VII. Probablemente por ello, antes de morir repartió lo que no llegó a ser un imperio entre sus hijos Sancho III, que heredó Castilla y Fernando II, que heredó León. En cuanto a las leyes feudales de Alfonso VI que reinstauró su nieto Alfonso VII, fueron prácticamente abolidas por Sancho III el Deseado, que desmontó la mayor parte del aparato feudal, anticipándose al Renacimiento.

LOS ALMOHADES

Los almohades habían desembarcado en 1147 al mando de Abd al-Mumín, caudillo militar designado por un predicador de Marrakech que, con su verbo privilegiado y su fama de santo y asceta, logró reunir un ejército de

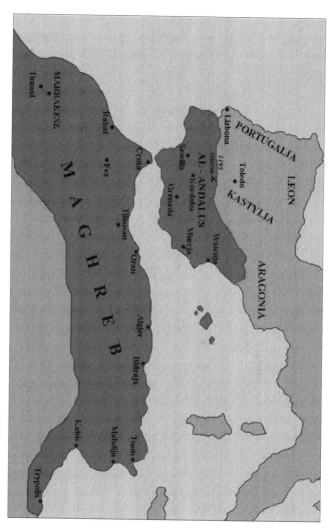

Mapa del imperio almohade.

fanáticos, un grupo de bereberes procedentes del Atlas, que llegaron a crear un reino con capital en Rabat después de vencer a los almorávides. Conquistaron la mayor parte de la península, unificando los reinos de taifas con excepción de Valencia y Murcia, que continuaron su independencia hasta 1272. Establecieron la capital en Sevilla, que fuera una vez capital de al-Ándalus y que, como ya dijimos, fue la favorita del primer rey almorávide.

Los almohades trajeron, además de su integrismo religioso y de aquellas construcciones que mencionamos anteriormente, un gran avance en técnicas de agricultura, especialmente, de regadíos. Realizaron una curiosa reforma monetaria que incluyó dinares de oro y dirhams cuadrados. No olvidemos su gusto por los adornos geométricos.

La Cruzada

Hasta el siglo XVI, los castillos españoles no tuvieron mobiliario fijo, porque tampoco la realeza tuvo una residencia estable hasta después de los Reyes Católicos. Durante todo el período que llamamos «Reconquista», reyes y nobles se desplazaban de un castillo a otro, trasladando la corte junto con el mobiliario. Camas, mesas, tapices, ornamentos religiosos y domésticos iban de un lado a otro sobre carretas, siguiendo la suerte de sus dueños. Aun así, la corte ambulante castellana del siglo XII fue un modelo y un objeto de admiración para las demás cortes europeas.

A principios del siglo XIII, Alfonso VIII de Castilla, hijo de aquel Sancho III que recibió Castilla de manos del emperador de las Españas, estaba emparentado con lo más florido de las cortes europeas. Era cuñado de Juan sin Tierra, el rey inglés llamado así por haber sido despojado de grandes territorios por Felipe Augusto de Francia, quien era también consuegro de nuestro Alfonso VIII. Era también primo carnal de Sancho el Fuerte de Navarra y de Pedro II de Aragón, consuegro de Sancho I de Portugal. Por último, era además suegro de Alfonso IX de León, casado en una ceremonia repleta de pompa y boato con su hija Berenguela.

Estas relaciones desempeñaron sin duda un importante papel en el éxito de la Cruzada que inició en 1212 la guerra santa contra los musulmanes, a la que se adhirieron numerosos ejércitos de dentro y fuera de España, junto con ricohombres y arzobispos de Narbona y Burdeos. Previamente, las Cortes de Toledo condenaron la riqueza y el lujo, así como las galas inútiles que restaban fondos para dedicarlos a luchar contra los enemigos de la fe. Y es que, además de consolidarse los reinos cristianos y cobrar fuerzas y recursos, habían desaparecido aquellos tiempos de tolerancia en que los musulmanes compartían rezos con los cristianos. Los nuevos invasores, almohades del Magreb, habían llegado con ideas intolerantes, poniendo impedimentos religiosos a cristianos y judíos. Además, el caudillo Abu Yusuf Yaqub había derrotado a los ejércitos de Alfonso VIII de Castilla en 1195, tras lo cual los almohades habían asolado Calatrava y recorrían la Mancha sin freno ni traba, aterrando a los colonos cristianos allí establecidos como repobladores. Habían conquistado el imperio almorávide de Marruecos tomando su capital, Marrakech, y luego decidieron añadir al-Ándalus a sus conquistas.

Junto con los ejércitos de dentro y fuera, la Cruzada contó con la contribución de las órdenes militares que ya se habían creado en España, similares, como dijimos, a las de los *ribat* musulmanes. A mediados del siglo XII existían ya las órdenes de Calatrava, Alcántara y Santiago. No le faltó nada, por tanto, a la batalla de las Navas de Tolosa para ser una auténtica cruzada porque, si las crónicas no

La victoria en las Navas de Tolosa supuso la entrada de los reinos cristianos en el valle del Guadalquivir, hasta entonces, feudo musulmán.

Van Halen pintó así *La batalla de las Navas de Tolosa,* que se encuentra en el palacio del Senado, en Madrid.

mienten, la partida se organizó al grito de «¡Santiago, y cierra, España!» igual que la Cruzada de Clermont-Ferrand se puso en marcha al grito de «¡Dios lo quiere!» para recuperar los Santos Lugares.

La *Crónica general* de Alfonso X el Sabio relata con todo lujo de detalles la preparación de la batalla de las Navas de Tolosa, a la que, como dijimos, acudieron todos los príncipes cristianos con excepción de Alfonso IX de León, el yerno del rey de Castilla que, después de su suntuosa boda con doña Berenguela, se había separado de ella. A pesar de ser el único que, por la disputa con su suegro, no acudió a la llamada de Santiago, aprovechó la victoria de Alfonso VIII para anexionar Cáceres, Mérida y Badajoz al reino de León.

Fuera o no fuera una cruzada, lo cierto es que el rotundo éxito de los príncipes cristianos sobre los almohades en la batalla de las Navas de Tolosa, que tuvo lugar en tierras de Jaén en 1212, remató la muerte anunciada del efímero gobierno almohade y de los más efímeros reinos de taifas, porque los vencedores, con la excitación de la victoria y el fabuloso tesoro del emir almohade, contaron con más fuerza y recursos para continuar su avance tomando territorios, expulsando a los musulmanes y repoblándolos con cristianos. Las Navas de Tolosa, ante todo, significaron el acceso del mundo cristiano al valle del Guadalquivir.

Es preciso decir que el final del imperio almohade se empezó a producir casi al mismo tiempo que su principio porque, como vemos que sucedió a tantos otros, todos los imperios grandes se convertían en ingobernables, pues cuando se conseguía pacificar un extremo, se alzaba el otro. Cuenta Juan Eslava Galán que la muerte del miramamolín al-Nasir no se produjo por heridas de la batalla de las Navas de Tolosa, sino porque, aprovechando su derrota, le envenenaron para terminar con su mandato. Su hijo Yusuf no pudo venir a reemplazarle desde el Magreb porque murió a consecuencia de una cornada de vaca o de toro. En cuanto al siguiente califa almohade, al-Walid, corrió la misma suerte, porque, siendo ya anciano, sus correligionarios le destronaron y le ahorcaron para robarle su harén que, según cuenta este historiador, era lo más valioso que poseía.

FUEROS Y DONADÍOS

> ¡Oh, Valencia, oh Valencia, de mal fuego seas quemada!
> Primero fuiste de moros que de cristianos ganada.
>
> *Romance del rey moro que perdió Valencia*

En 1229, el rey aragonés Jaime I llamado «el Conquistador» derribaba parte de la muralla de Palma de Mallorca, para tomar la «ciudad blanca dormida en el fondo de la más hermosa bahía que hubiera visto». Poco antes, el mundo se pasmaba ante la visión de una flota de más de doscientos cincuenta barcos cuyas velas cubrían de blanco el mar frente a las costas catalanas.

Los marinos catalanes lucharon denodadamente por recuperar las Baleares para limpiar de piratas musulmanes el Mediterráneo y librar de ataques su comercio marítimo. Después de Mallorca, por tanto, cayeron Ibiza y Formentera. Menorca se recuperó más tarde, ya en tiempos de Alfonso III el Liberal, pero era tributaria del rey de Aragón y por eso probablemente no hubo prisa.

Cinco meses de asedio duró la conquista de Valencia, que capituló en 1238 ante los ejércitos del Conquistador. Las mezquitas se reconvirtieron en iglesias y la mezquita mayor, en catedral. El reino valenciano se convirtió en una prolongación del aragonés y se repoblaron las tierras y ciudades abandonadas por los musulmanes con catalanes y aragoneses. Se habían vuelto las tornas y la Reconquista avanzaba imparable, muchas veces con carácter de guerra santa porque el papa concedía bulas a los que participaban en las Cruzadas, ya fuera en Tierra Santa o en al-Ándalus. El enemigo era siempre el mismo. El mismo al que aquel puñado de valientes catalanes conocidos como «los almogávares» se lanzaron a combatir en el otro extremo del Mediterráneo, en auxilio del emperador bizantino. Su caudillo fue precisamente Pedro III, hijo de Jaime el Conquistador.

Después de muchas uniones y desuniones, Castilla y León se fusionaron para siempre en 1230, bajo Fernando III a quien la historia de España ha llamado «el Santo». Su madre, doña Berenguela, le entregó Castilla en una solemne ceremonia que tuvo lugar en Valladolid y sus hermanas Sancha y Dulce le hicieron entrega de León. Con su reino consolidado, Fernando III avanzó hacia el sur, recuperando Córdoba sin apenas lucha, merced a las disputas islámicas en que los cordobeses andaban enredados y que el rey santo supo aprovechar. Tras ella, caería Sevilla, la capital almohade, para la que, como dijimos, tuvo que abrir brecha y romper la cadena defensiva de las murallas y las Torres del Oro. Sevilla fue cercada por tierra y por el Guadalquivir, aislando a sus habitantes tras la ruptura del puente de Triana. Hambrientos y en un estado lamentable, los sevillanos se rindieron en 1248 ante las tropas castellano-leonesas y ante los caballeros de la Orden Militar de Santiago, aquellos monjes de escapulario y espada que luchaban con denuedo por la fe cristiana.

Tras Sevilla, caería Murcia, cuyo gobernante, Ibn Hud, se declaró vasallo del rey de Castilla y León, aunque, a la muerte de Fernando III, los cabecillas de Mula, Lorca y Cartagena se revolvieron y fue su hijo, Alfonso X, llamado «el Sabio», quien hubo de someterlos. También se pusieron en pie de guerra los mudéjares de la cuenca del Guadalquivir y asimismo fueron derrotados por el rey sabio. Ambas rebeliones fueron acompañadas de la amenaza de posibles refuerzos que llegarían desde África en auxilio de sus correligionarios expoliados y humillados.

Expulsados o emigrados la mayoría de los habitantes musulmanes, se repobló el valle del Guadalquivir con castellanos y leoneses de las cuencas del Tajo y el Duero. De Vizcaya llegaron gentes marineras a repoblar Cádiz. La repoblación, como dijimos, vino acompañada de fueros, cartas y donadíos.

Hubo donadíos mayores, consistentes en grandes territorios, y donadíos menores consistentes en pequeñas villas o lugares, acompañados de distintos fueros procedentes unos del derecho romano y otros del derecho visigodo, a los que se denominó «Fuero Juzgo».

Estos donadíos repartieron tierras y prebendas entre grandes o pequeños señores, la Iglesia y las órdenes militares que habían colaborado en la recuperación de territorios para el mundo cristiano. También hubo recompensas para las clases campesinas o artesanas, así como para los judíos que habían cooperado principalmente con dinero para pagar a los soldados.

La generosidad de tantos fueros, cartas y donadíos pone de relieve la escasa penetración del sistema feudal en las tierras españolas, mucho más rígido en el resto de Europa. Pero lo más interesante de tales documentos es lo mucho que nos cuentan sobre lo que acaecía en aquellos tiempos. Por ellos sabemos que muchas ciudades castellanas habían quedado aisladas y se encontraban en estado miserable. Por ejemplo, el fuero de Sepúlveda condena a pagar impuestos como si fueran forasteros a todos aquellos vecinos que no pusiesen tejas sobre las techumbres de paja de sus viviendas. También sabemos que, antes de la toma de Andalucía, los pobladores cristianos de poblaciones aledañas sufrían auténtico terror ante la amenaza de las invasiones almohades, porque el fuero de Cáceres, por ejemplo, manda castigar como a ladrón a todo el que ande por la calle después del toque de los címbalos, es decir, de las campanas parroquiales. Por ellos sabemos que los burgueses castellanos vivían en chozas y que el estado de alarma era prácticamente continuo.

SI NO TENÉIS ARMA PARA CONSUMAR LA INIQUIDAD, AHÍ VA LA MÍA

Siendo rey de Castilla Alfonso X el Sabio, nació en León un hijo natural del adelantado mayor de Andalucía, Pedro de Guzmán. Lejos de desatenderle, su padre le dio sus apellidos y le llamó Alonso Pérez de Guzmán. Casualmente, el nombre de Guzmán es de origen visigodo y se compone de dos palabras: *gods,* que significa 'bueno', y *manna,* que significa 'hombre'. Guzmán, por tanto, viene a significar 'hombre bueno' y, precisamente, la historia conoce al hijo natural de don Pedro como Guzmán el Bueno.

Su padre no solamente le reconoció con sus apellidos, sino que le educó como a gentilhombre, aunque sus hermanastros nunca le aceptaron como miembro de la familia. Quizá por eso, Alonso tuvo que demostrar que era digno del apellido paterno y ya en la primera batalla en la que tomó parte apresó al jefe bereber Aben Comat, que era un personaje relevante, pues era privado del rey de Fez.

Y, como ya dijimos que en aquellos tiempos los enemigos podían ser aliados y los aliados convertirse mañana en enemigos, nuestro «hombre bueno» se puso a las órdenes del gobernador de Algeciras, para participar en los combates que las distintas tribus y dinastías musulmanas mantenían en África. La única condición que puso Alonso para combatir al lado de los benimerines[23] fue no tener que pelear contra tropas cristianas.

Por aquel entonces, el hijo mayor de Alfonso X el Sabio, Sancho, se levantó en armas contra su padre y este escribió una carta a Alonso para que tratara de atraer a su lado a las tropas benimerines. Convenció Alonso al caudillo merení Aben Yusuf y ambos fueron recibidos en Sevilla con grandes muestras de amistad. Una vez más, vemos a un rey cristiano aliándose con el moro para luchar contra su familia. Además, años más tarde, tras la muerte de Alfonso X y de Aben Yusuf, encontramos a Alonso Pérez de Guzmán regresando nuevamente de África, donde se había enriquecido combatiendo a las órdenes del sultán merení. Aquella vez volvió para combatir en Castilla con las tropas de Sancho IV, el hijo díscolo de Alfonso X que había heredado el trono castellano.

Una vez hubo cambiado de bando, Alonso Pérez de Guzmán luchó contra los benimerines, sus antiguos compañeros de armas, a los que arrebató Tarifa.

Pero como los sucesos se iban repitiendo a lo largo de la Reconquista, el hijo menor del difunto Alfonso X, el infante don Juan, se había también levantado en armas contra su hermano mayor, Sancho IV ya entonces rey de Castilla. Y, para disponer de un ejército con el que enfrentarse a su hermano, viajó a Marruecos para pedir ayuda al rey merení de Tánger y después se desplazó al reino de Granada para recabar la ayuda de los nazaríes. Entonces, los benimerines y los nazaríes se unieron al infante don Juan para poner cerco a la plaza de Tarifa. La amenaza surtió efecto y el rey Sancho IV decidió poner al frente de las tropas defensoras al mismo Alonso

---

[23] Benimerines o meriníes es la castellanización de *banu marin,* dinastía bereber de Marruecos.

Martínez Cubells representó la hazaña de Guzmán el Bueno en esta pintura que se conserva en la Universidad de Zaragoza.

243

Pérez de Guzmán, a quien, la heroica defensa que hizo de Tarifa le valió el título de «el Bueno».

La historiadora Mercedes Gaibrois y Riaño de Ballesteros cuenta una historia más romántica. Señala que Alonso había tenido amores prohibidos y que su esposa, la acaudalada doña María Coronel, convenció al rey Sancho de que alejase a su marido de su amante y le diera la alcaldía de Tarifa. Esto podría formar parte de la leyenda de Guzmán el Bueno, ya que se desplazó a Tarifa con toda su familia, a excepción de su hijo Alfonso, que quedó en Portugal luchando junto al infante don Juan. En aquella época, si un caballero juraba lealtad a su señor, le seguía hasta la muerte, con independencia de que su señor fuera legal, traidor, usurpador o santo.

Por tanto, entre las tropas enemigas contra las que luchó Alonso Pérez de Guzmán se encontraba su propio hijo. Y esta circunstancia es la que dio pie a la leyenda, pues cuenta esta autora que, dado que Alonso no claudicaba ante el acoso de Tarifa, los benimerines le amenazaron con degollar a su hijo Alfonso, a lo que nuestro Guzmán el Bueno respondió con heroico acento, arrojando su cuchillo desde lo alto de las murallas: «Si no tenéis arma para consumar la iniquidad, ahí va la mía».

Vemos este mismo gesto heroico en otra leyenda, la del Alcázar de Toledo, acuñada durante la Guerra Civil española.

Dice Mercedes Gaibrois que los moros, anonadados ante tanta heroicidad, se retiraron dejando libre la ciudad sitiada y que el rey Sancho, enfermo, se retiró también a Alcalá, desde donde escribió a Alonso invitándole a su corte y asegurando que merecía ser llamado «el Bueno».

Lo que sí sabemos con certeza es que Alonso Pérez de Guzmán murió en la sierra de Gaucín luchando contra los moros, no contra los cristianos.

España

Alfonso X el Sabio escribió una *Primera crónica general* o *Estoria de España*. De España y no de las Españas, como oímos gritar durante la coronación de Alfonso VII. Para algunos autores, la mención de España y no de «las Españas» es una intención unificadora, como una prolongación del espíritu gótico de unidad que cristalizó con los Reyes Católicos, aunque también podemos leer textos de dichos reyes que mencionan «estos nuestros reinos de las Españas» y sabemos sobradamente que los españoles siempre tuvimos preferencia por los reinos de taifas. No en vano hay un rey dentro de cada uno de nosotros.

En todo caso, las cosas habían cambiado a finales del siglo XIII. Aquellos atributos que daban valor añadido a los reyes del X y XI se convirtieron, a finales del XII, en los que ostentaron los tres reyes más importantes de esta etapa, Jaime I el Conquistador, Fernando III el Santo y Alfonso X el Sabio. No se distinguieron por su brutalidad en el campo de Marte sino por su sentido del orden, de la justicia y del Estado. Desoyeron las voces de la envidia y la ambición y supieron dirigir la fuerza de su brazo al enemigo y no al gobernante del territorio vecino.

En el siglo XIII, cundió además en España el sentido de la higiene, probablemente como poso residual de la cultura árabe. Los baños públicos se hicieron más baratos y populares, la gente empezó a lavarse la cabeza y surgieron manuales de etiqueta cortesana que enseñaban a los hijos de reyes y de grandes señores a llevar las uñas cortas y limpias, a no llevarse a la boca un nuevo bocado hasta haber tragado el anterior, a no limpiarse los labios en los manteles, a no eructar en la mesa y a no tomar las viandas con los dedos, sino con la cuchara o el pan. Se exhortó, como podemos leer en las crónicas del rey Sancho, hijo de Alfonso X el Sabio, a vestir con elegancia y a practicar la templanza en la mesa y en el sueño, que no siendo desmesurado, es provechoso.

6

El Suspiro del Moro

Mira ahora hacia el sur, al pie de dichas montañas, una línea de áridas colinas por la que camina pausadamente una larga recua de mulas. Allí se representó la escena última de la dominación musulmana. Desde la cima de una de esas colinas, el infortunado Boabdil lanzó su postrera mirada sobre Granada y dio rienda suelta a la angustia de su corazón. Es el Suspiro del Moro, lugar famoso en cantos y leyendas.

Cuentos de la Alhambra

Washington Irving

El siglo XIV nació marcado por el desastre. El mundo cristiano gemía sumido en una profunda crisis económica, moral, religiosa, demográfica y monárquica. De nuevo, los cuatro jinetes apocalípticos cabalgaban sobre la Tierra asolando los campos, aniquilando a los hombres, deteniendo el crecimiento de los reinos y destruyendo los pilares de la autoridad y la religión.

En Europa, la guerra de los Cien Años terminó con el espíritu caballeresco medieval sustituyendo el enfrentamiento honorable por una serie interminable de guerrillas de desgaste, saqueos, emboscadas, traiciones y exacciones. En la España cristiana, reyes y pretendientes a serlo se enfrentaban a la luz del campo de batalla o en la oscuridad de la traición. Hermanos contra hermanos, legítimos contra bastardos, burgueses contra reyes, reinos contra reinos, todos luchaban por un derecho que creían que les pertenecía, dominados por la ambición, pactando alianzas con el enemigo de ayer o de mañana.

Mientras, al norte de África, un nuevo imperio había barrido a los almohades, con el paradójico auxilio de ejércitos mercenarios cristianos, pues tenía la pretensión de establecer la última barrera musulmana contra el avance cristiano hacia el sur. Eran los *banu marin,* una nueva dinastía bereber a la que nuestra historia conoce por «los benimerines» o «los meriníes». Su caudillo, un iluminado llamado Abu el-Hassan Alí[24], traería de nuevo a al-Ándalus el esplendor de *Las mil y una noches* y se aliaría con los nazaríes de Granada, que le ayudaron a tomar las plazas estratégicas de Algeciras y Gibraltar.

Pero Alfonso XI, el rey castellano-leonés que había decidido retomar la Cruzada en 1343, se alió con el rey de Portugal para derrotar al nuevo ejército musulmán en la famosa batalla del Salado. Gran victoria, sobre todo si se tiene en cuenta que, como apunta Pedro Voltes, la intendencia cristiana estaba tan mal organizada que, de haber durado más tiempo el enfrentamiento, las tropas

---

[24] No hay que confundir a Abú al-Hasan Alí ibn Utmán, rey benimerín de Marruecos entre 1331 y 1351, con Abú al-Hasan Alí ben Saad, rey nazarí de Granada entre 1464 y 1485, conocido en España por Muley Hacén o Muley Hasán y padre de Boabdil el Chico.

hubieran abandonado el campo de batalla para reponer fuerzas o hubieran muerto de inanición, pues solamente llevaron provisiones para cuatro días.

Finalmente, Abu el-Hassan regresó a Marruecos, los nazaríes recuperaron el trono de Granada y, en España, la Cruzada se detuvo durante un largo período porque, como dijimos, los cristianos dedicaron sus escasos recursos a enfrentarse entre sí. Previamente, y aprovechando la situación inestable de Marruecos, donde se sucedían las revueltas contra los benimerines, Alfonso XI intentó tomar Gibraltar, pero la peste se cebó en sus ejércitos y él mismo falleció por dicha enfermedad.

El heredero de Alfonso XI, Pedro I de Castilla y León, se había educado en la crueldad y en el odio hacia sus hermanos bastardos, porque su madre nunca perdonó al esposo libertino sus largos y escandalosos amores con doña Leonor de Guzmán, madre de un buen número de hijos ilegítimos, algunos de ellos convencidos de sus derechos al trono. Cuando Alfonso XI murió en 1350 en Gibraltar, su viuda no esperó mucho para terminar con la vida de la amante real y para empujar a su hijo contra los bastardos.

Así, entre alianzas, traiciones, cambios de bando y luchas encarnizadas, llegó el momento de unir Castilla y Aragón mediante el matrimonio de Isabel y Fernando, a los que el papa Borgia concedió el título de Católicos. Desde que los cartógrafos habían aprendido a trazar mapas de los territorios conocidos o supuestos, era costumbre de los reinos repartirse las futuras conquistas mediante líneas imaginarias dibujadas en un mapa más ideal que real. De esta manera, el reparto de territorios a recuperar del islam adjudicó a Castilla el reino de Granada. Tocaba, por tanto, a Isabel I reanudar la Cruzada de Alfonso XI y tomar para Castilla, uno a uno, los granos de la granada.

CRUCES Y CORANES

> En la ciudad de Granada
> Grandes alaridos dan
> Unos llaman a Mahoma
> Otros a la Trinidad
> Por un lado entraban cruces
> Por otro sale el Corán
> Donde antes se oían cuernos
> Campanas se oyen sonar.

> Poema anónimo del siglo XV

Cruces y coranes hubo en Granada desde que, en el siglo XI, un caudillo bereber llamado Zawdi ben Ziri viera las posibilidades que reunía aquel lugar. Antes, había estado ocupado por un destacamento de sirios llegado en 745 para colaborar en la conquista de al-Ándalus. Puesto que ya no quedaban tierras para repartir, los sirios fueron enviados a las orillas del Darro para que vivieran como habían vivido en su tierra natal.

Como militar que era, Zawdi ben Ziri fundó la ciudad de Granada como un campamento pero, más tarde, su sobrino y sucesor Habus puso murallas y torreones a su alrededor y mandó construir mezquitas en su interior. En 1055, el cadí Muhammad ben Tawba mandó construir la Mezquita Mayor, del tipo de las que los omeyas venían erigiendo en al-Ándalus.

«Al-Ándalus es como una adarga cuya abrazadera está en Granada. Tened las correas bien seguras y la adarga no escapará de vuestras manos». Así calificó la ciudad de Granada uno de los conquistadores almorávides que se asentaron en ella barriendo la dinastía que originara Ziri, su fundador. Y así fue. Los musulmanes se mantuvieron en España mientras que la abrazadera estuvo en su poder. Una vez que escapó de sus manos, perdieron su derecho a disfrutar del paraíso que ellos mismos habían creado. La intolerancia y el fanatismo de los reyes cristianos fueron sus peores enemigos.

LA ROJA

El reino de Granada, como tal, fue fundado en el siglo XIII por Muhammad I ben Nasr, que dio nombre a la dinastía nazarí. La divisa del escudo de los reyes nazaríes rezaba «¡Sólo Dios es vencedor!», recordando la entrada triunfal en la ciudad del primer rey de Granada.

Aprovechando el desorden que cundió después de la batalla de las Navas de Tolosa, uno de los caudillos de la Marca de Zaragoza no perdió el tiempo y corrió a Granada para proclamarse rey de la taifa. Pero no contó con la oposición de una familia granadina que, atrincherada en el castillo de Arjona, en Jaén, esperaba el momento oportuno para hacerse con el trono. Su líder, Muhammad ben Yusuf ben Nasr, era descendiente de uno de los compañeros de Mahoma, Saad, y por eso tenía el respeto y el beneplácito de los granadinos. Por el color rojizo de su barba, se había ganado el apodo de al-Hamar, el Rojo, apodo extendido a su familia, que era conocida en Granada por «los Alamares».

En 1231, Muhammad ben Nasr (o Ben Nazar), fundador de la dinastía nazarí, derrotó al Ben Hud de Zaragoza que le disputaba el trono de una ciudad que ya sentía suya. Después, entró victorioso en Granada que le recibió con grandes voces: «¡Bienvenido el vencedor por la gracia de Dios!», a las que él respondió: «¡Sólo Dios es vencedor!».

Inició la construcción de un palacio que alojase a su familia y a su corte. Mantuvo una buena amistad con el rey castellano Fernando III el Santo, declarándose vasallo de Castilla. Esta amistad se extendió a los respectivos hijos. Muhammad II no solamente ofreció su amistad a

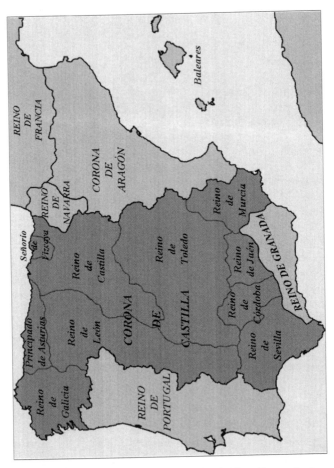

Estos eran los territorios de la corona de Castilla en el año 1400. Era el reino destinado a recuperar Granada de los musulmanes.

Alfonso X el Sabio, sino que le visitó en Sevilla, donde el monarca castellano le recibió con pompa y jolgorio, le armó caballero y le abrazó en público como a su amigo. Muhammad II era gentil y elegante, hablaba castellano correctamente y conversaba amigablemente con la reina Violante y con sus damas. Fue él quien fortificó el palacio que su padre había iniciado en Granada. El color rojizo de la arcilla de la colina sobre la que se inició la construcción de la muralla junto con el apodo familiar dieron a la fortaleza el nombre de «la Roja», «la Alhambra», por la que el mundo entero la conoce.

Era una fortaleza capaz de albergar un ejército de cuarenta mil soldados, dotada de los recursos más modernos de la época, como los aljibes abiertos en la roca viva que recibían el agua del Darro a través de una red de conductos y que la abastecían del agua necesaria no solamente para el consumo de sus habitantes, sino para todo el fluir de fuentes y canales que refrescan sus estancias y apaciguan los calores del verano.

El harén real dispuso de bellísimas habitaciones iluminadas por un patio central, el Patio de los Leones con su taza de alabastro sostenida por doce leones todos ellos diferentes, que comunicaba con los aposentos privados del rey. La alcoba real estaba adornada con inscripciones que proclamaban el orgullo de alojar al monarca: «Aunque mis compañeras sean constelaciones de estrellas, sólo yo tengo la gloria de alojar al Sol». El mejor aposento del harén, la Sala de las Dos Hermanas, ilustraba la satisfacción del constructor con esta inscripción: «Mira mi cúpula; junto a ella, las demás palidecen». Entre el harén y las habitaciones de la familia, el *hamman* ofrecía sus frescos mármoles y sus aguas claras, frías y cálidas. La Sala de Justicia quedó ubicada en el Patio de los Arrayanes. Una Puerta Real y una Puerta de Justicia, entre otras, daban acceso al recinto y sus paredes mostraban estas jaculatorias: «No hay más dios que Alá y Mahoma es su profeta», «No hay fuerza ni poder sino en Alá».

EL SALÓN DE LOS ABENCERRAJES

> En las torres del Alhambra
> sonaba gran vocería
> y en la ciudad de Granada
> grande llanto se hacía,
> porque sin razón el Rey
> hizo degollar un día
> treinta y seis abencerrajes
> nobles y de gran valía,
> a quien cegrís y gomeles
> acusan de alevosía.
>
> Romance anónimo de Abindarráez

Recorriendo la Alhambra, encontramos el Salón de los Abencerrajes frente a la Sala de las Dos Hermanas, la de la bella cúpula. En realidad, este salón estaba destinado a una de las esposas importantes del rey granadino, pero la historia y la leyenda lo han asociado con el castigo que sufrieron los treinta y seis principales abencerrajes, acusados por sus enemigos, los zegríes y los gomeres, de intrigar para matar al rey. Fue en tiempos de Muley Hasán y no se sabe si este mandó ejecutarlos una vez reunidos en aquel salón o si simplemente permitió que los asesinaran los nobles envidiosos de su poder y de su brillo.

La historia hace a los abencerrajes partícipes de la sublevación de Boabdil el Chico contra su padre el rey. Pero hay una leyenda que habla de un amor prohibido que costó la vida al clan completo, porque uno de sus miembros fue sorprendido una noche escalando los muros del aposento de la reina. Y, como el nombre de la reina no se podía ensuciar, la leyenda aclara que todo fue invención de un clan enemigo, los cenetes,

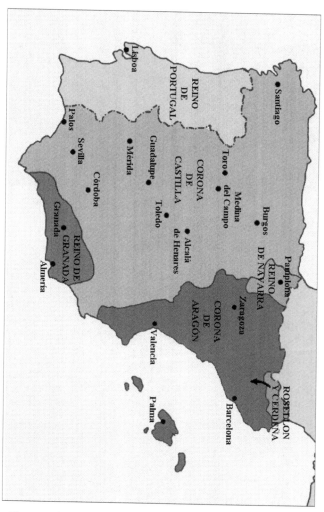

El reino de Granada en 1492. Era todo lo que quedaba de
al-Ándalus en la península ibérica.

La Alhambra, «la Roja», llamada así por el color rojizo de sus materiales de construcción y, quizá, por el nombre de la dinastía que erigió el palacio. Imagen de Alejandro Mantecón-Guillén.

para perderlos. Los romances castellanos no solamente cuentan la historia de Abindarráez, el más gallardo de los abencerrajes, y sus amores contrariados con la hermosa Jarifa, sino que también ponen en boca del pueblo granadino mil reproches contra el rey que hizo degollar a tan ilustre familia:

> Mataste los Bencerrajes,
> que eran la flor de Granada:
> cogiste los tornadizos
> de Córdoba la nombrada.
> ¡Ay de mi Alhama!
> Por eso mereces, rey,
> una pena muy doblada:
> que te pierdas tú y el reino,
> y aquí se pierda Granada.
> ¡Ay de mi Alhama!

En todo caso, no es comprensible que el asesinato se llevara a cabo en esta sala que entonces pertenecía al harén. Sin embargo, nunca ha faltado quien reconociera las manchas de sangre en la taza de la fuente central, donde la leyenda asegura que treinta y seis abencerrajes fueron pasados a cuchillo. El propio Washington Irving pudo ver esas manchas que, según le explicó su guía, nunca se borrarán. Mariano Fortuny se hizo eco de esta historia con una pintura que quedó inconclusa como tantas grandes obras.

LAS TORRES-PALACIO

En el camino de ronda de la muralla de la Alhambra se eleva una torre que no es torre guardiana, sino torre calahorra, torre-palacio destinada a albergar a un personaje de alcurnia. No se sabe realmente a quién alojó esta torre lujosa y engalanada en su interior, pero se habla de que en ella vivió Isabel de Solís, la esposa muladí de Muley Hasán, cuya pasión desenfrenada le costó el trono. Por eso se llamó Torre de la Cautiva.

Las leyendas han hecho a aquella nueva Helena de Troya culpable de la caída de Muley Hasán, ya que, por su enemistad, Aixa la Horra recabó el apoyo de los abencerrajes y empujó a su hijo Boabdil a disputar el trono de Granada a su padre. Historias y leyendas han convertido a Isabel de Solís en una de las muchas amantes reales que han movido a su antojo los hilos de la política aprovechando la sumisión sexual del monarca, como dicen que hicieron Lola Montes, Diana de Poitiers o la Pompadour.

Sabemos que Isabel era hija del comendador de Martos, en Jaén, que fue cautiva de los moros y conducida a Granada, donde Muley Hasán se prendó de su hermosura hasta el punto de convertirla en su esposa y repudiar, por ella, a Aixa la Horra, la madre de su heredero y descendiente, por más señas, de Fátima, la hija predilecta del Profeta. De ahí la revuelta que se organizó en Granada al conocerse que el rey había sido capaz nada menos que de repudiar a la descendiente del Profeta por una cristiana.

Isabel se convirtió al islam con el nombre de Zoraya, que significa Lucero del Alba. No sabemos si se convirtió por convencimiento o por interés, pero sí sabemos que, una vez muerto Muley Hasán y perdida toda esperanza de volver al poder, regresó al cristianismo y volvió junto a su familia, llevando consigo los dos hijos que del rey granadino tuvo y que adoptaron nombres cristianos.

La más grande de las torres palacio que adornan la muralla de la Alhambra es la Torre de Comares, que recibe su nombre de las «comarías», las vidrieras de colores que la iluminan. Se asciende a ella por una escalera de caracol estrecha y oscura que llega hasta el camino de ronda, acceso empleado para vigilar la llegada de posibles invasores o, como hizo Washington Irving, para reposar la vista en el soberbio panorama que desde allí se contempla. Pero esta torre no es sólo vigía, sino que aloja en su interior el magnífico Salón de Embajadores, que era la sala de recepción de los reyes granadinos. Debajo de este salón hubo dos cámaras que, según cuentan, sirvieron un día de prisión para Boabdil el Chico y para su madre, Aixa la Horra. Y dicen que, desde la ventana, la reina repudiada utilizó su ceñidor y los de sus damas para descolgar a su hijo hasta abajo, donde le esperaban las tropas fieles que le apoyaron para arrebatar a su padre el trono de Granada.

Y por ser la más elevada de todas las torres de la Alhambra, fue la elegida por el conde de Tendilla y por el comendador mayor de León para colocar la cruz y el pendón castellano un 2 de enero de 1492, mientras los Reyes Católicos se arrodillaban para cantar el Te Deum que dirigía el arzobispo y los voceadores del pueblo gritaban a voz en cuello: ¡Castilla! ¡Castilla!

Así representó Mariano Fortuny la muerte de los abencerrajes. Museo Nacional de Arte de Cataluña.

EL MIRADOR DE LINDARAJA

Lindaraja fue, según cuenta Washington Irving, una bella mora que vivió en la corte de Muhammad IX el Zurdo, el que para algunos autores fuera padre de Aixa la Horra y que ascendió al trono con ayuda de los abencerrajes. Este rey, al que no sabemos si llamaban «el Zurdo» por serlo o por hacerlo todo al revés, perdió y recuperó el trono de Granada en cuatro ocasiones, porque fue capaz de vencer al que lo destronó y volver a perderlo hasta su derrota definitiva a manos de los castellanos. En una de esas pérdidas, se refugió en Málaga, donde era alcalde el padre de la hermosa Lindaraja. Una vez de nuevo en el poder, Muhammad «el Zurdo» premió al padre con una nueva posición y a la hija con un alojamiento en la Alhambra, dándola en matrimonio al joven Nasar, descendiente del rey Aben Hud el Justo. El camarín de Lindaraja tiene un mirador que da a un jardín adornado con una fuente y es famoso por su inscripción: «Yo soy de este jardín el ojo fresco».

Pero los archivos de la Alhambra, siempre prosaicos, se refieren al camarín como a «la casa de Aixa», ya que parece que fue morada de Aixa la Horra, la madre de Boabdil repudiada por su esposo. Sin embargo, hemos visto que la leyenda la alojó bajo el Salón de Embajadores de la Torre de Comares. Además, el nombre de Lindaraja no es el de una bella mora malagueña, sino que, según dicen, significa «los ojos de Aixa», pues el mirador dominaba todo el Albaicín, antes de que Carlos V construyera su palacio con afán de eclipsar el palacio moro y obstruyera para siempre la vista de los ojos de Aixa. Y puede que la sublevación de los moriscos de las Alpujarras, que cortó en seco el presupuesto para finalizar el palacio, fuera su castigo al cabo de los siglos.

Aixa la Horra, que significa 'la Honrada', era de estirpe real, poseía grandes riquezas y un patrimonio personal muy elevado. Era, además, mujer enérgica y de carácter, capaz de intervenir en asuntos de Estado con visión certera y con ese don de la palabra que fascina a los árabes. Como descendiente de Fátima, gozó de gran prestigio en su tiempo, sobre todo cuando los habitantes de Granada dudaban entre entregar la ciudad a los Reyes Católicos o defenderla hasta el final. Luchadora, Aixa se pronunció siempre a favor de no capitular, por lo que las crónicas de la época mencionan su genio varonil. No se entendía de otra manera la fuerza del carácter de una mujer.

Aixa, que había estado junto a su hijo Boabdil en la prisión y en la lucha contra Muley Hasán, estuvo también a su lado en el exilio, acompañándole cuando el último rey granadino partió camino de las Alpujarras, su último señorío, donde se refugió hasta su marcha definitiva a Fez en 1493. Allí murió Aixa la Horra. A ella se atribuyen las palabras más famosas de la historia de Granada: «Llora como mujer lo que no supiste defender como hombre», palabras legendarias que, según cuentan cronistas y poetas, pronunció la madre cuando el hijo, angustiado por la pérdida de aquel paraíso terrenal que tan poco duró entre sus manos, se volvió, como dicen que se volvió la mujer de Lot hacia Sodoma, a mirar por última vez la ciudad de Granada desde el puerto que une las ciudades de Otura y Padul, el puerto que por eso se llama del Supiro del Moro.

Sin embargo, si leemos a Washington Irving, vemos que en sus *Cuentos de la Alhambra* explica que el infeliz Boabdil cabalgó por las Alpujarras hasta un pueblecito donde le esperaba su familia, ya que había enviado a su madre y a su esposa por delante para que no sufriesen su propia humillación ni se expusieran a las miradas de los conquistadores. Cuenta también este autor que, cuando el obispo Guevara refirió a Carlos V los pesares de Boabdil, cuyo dolor dio nombre a la Cuesta de las Lágrimas y al puerto del Suspiro del Moro, el emperador le contestó que si él hubiera sido Boabdil, antes hubiera muerto en la Alhambra que vivir sin reino en las Alpujarras.

Granada ya no labra oro ni plata

Mientras los cristianos se destruían entre sí, dentro del reino nazarí de Granada tres facciones pugnaban por el poder. Los nombres de las familias han pasado a nuestra historia como los abencerrajes, los zegríes y los gomeres. Y, para no ser menos que los reyes cristianos, también los miembros de la familia real se disputaban el trono. Abu al-Hassan, más conocido por Muley Hasán, rey de Granada desde 1464, su hermano Abu Abd Allah Muhammad Ibn Said, conocido por «el Zagal» o «el Valiente», y su propio hijo Muhammad, conocido por Baudili o Boabdil el Chico.

El trono de Granada era, con razón, objeto de codicia. Las parias anuales que pagaba el tesoro granadino a los reyes de Castilla ascendían a veinte mil doblas de oro. La posición de la ciudad era, como dijo el poeta, la abrazadera de la adarga y, además, el punto de equilibrio entre los reinos cristianos de España y los reinos musulmanes de África. Los nazaríes habían conseguido mantener una relación diplomática y amistosa con ambos bandos. En la frontera con el reino de Castilla, se habían establecido instituciones medianeras encargadas de mantener el orden, de mediar en los conflictos y de solucionar los numerosos problemas que se originaban. Un día era un musulmán el que robaba el asno a un cristiano y, otros, un cristiano el que mataba las gallinas de un vecino musulmán.

Había paz entre los tres reinos, la economía era pujante, los recursos agrícolas y ganaderos estaban bien explotados y el comercio llegaba a todas partes del mundo. El reino nazarí de Granada, que ocupaba unos treinta y cinco mil kilómetros cuadrados, contaba con una producción agrícola más que notable, minas de oro, plata, plomo y mercurio, así como canteras de mármoles, jaspes y lapislázuli. La industria había alcanzado un grado de producción artesanal que podría calificarse de perfecto. Los molinos proliferaban a las orillas de los ríos y los astilleros y atarazanas no cesaban de construir y reparar barcos destinados al comercio o a la guerra.

Pero un ojo vigilante acechaba desde los reinos cristianos y esperaba el momento oportuno para empezar a desgranar, uno a uno, los granos de la granada. Y, mientras ese momento llegaba, el ojo vigilante no perdía oportunidad de avivar la llama de la sublevación y de elevar el nivel de las tensiones que encizañaban el reino de Granada.

Además de las tensiones entre el monarca y su familia, alentadas por las familias nobles partidarias de cada uno de los tres lados del triángulo político, el pueblo granadino hervía de descontento. Ya no había afán de conquista, la *yihad* dormía, el imperio islámico, antes pujante y recaudador de impuestos infieles, se había convertido en tributario de los cristianos y pagaba en lugar de cobrar.

En 1481, Muley Hasán tomó una decisión heroica. Cuando el recaudador de los Reyes Católicos llegó a la Alhambra para cobrar la paria correspondiente, mandó responderle con un mensaje para sus reyes que decía «en las fábricas de Granada ya no se labra oro ni plata, sino lanzas, saetas y alfanjes contra sus enemigos». A finales de ese mismo año, las tropas musulmanas tomaban por sorpresa la ciudad de Zahara de la Sierra, en Cádiz. Pero las decisiones heroicas son para los héroes y Muley Hasán no lo era. Aquello le costó la pérdida de su reino porque los Reyes Católicos aprovecharon la coyuntura para iniciar la conquista.

En 1482, ya habían tomado Alhama, la Alhama del romance, plaza fuerte granadina. En 1485, habían caído Ronda, Vélez-Málaga, Málaga y Loja. Loja era la «llave de Granada», su nombre significa 'custodia' porque su situación estratégica le permitía salvaguardar la vega de Granada y actuar, desde la entrada al desfiladero, como puerta de acceso a la ciudad. Su alcalde era Aliatar, suegro de Boabdil y padre de la infortunada Moraima.

En 1491, los Reyes Católicos habían desgranado casi todos los granos de la granada y se disponían a asediar la ciudad, montando un campamento no de tiendas efímeras como solían hacerse en las guerras, sino estable y sólido, de piedra y adobe, manifestando su voluntad de permanecer tanto tiempo como fuera necesario hasta obtener la rendición de Granada, de grado o por fuerza. El campamento se convirtió pronto en una ciudad llamada Santa Fe, donde se firmaron, en 1491 y 1492 respectivamente, las capitulaciones de Granada, rubricadas por Boabdil, y las de la conquista de las Indias, suscritas con Cristóbal Colón.

Vivirá mucho para padecer mucho

«Toma, señor, las llaves de tu ciudad, que yo y los que estamos dentro somos tuyos»
... y el rey moro Muley Baudili se fue a vivir y a reinar al Val de Purchena...
que era todo de mudéjares, donde el Rey le dio señorío y renta en que viviese y muchos vasallos

Historia de los Reyes Católicos
Andrés Bernáldez

Por si Muley Hasán hubiera contribuido poco a poner en marcha la máquina de la reconquista acompañando de amenazas su negativa a satisfacer la paria, su hijo Boabdil terminó por cumplir a satisfacción las esperanzas de los Reyes Católicos. En 1482, el mismo año de la caída de Álhama en manos cristianas, Boabdil se levantaba en armas contra su padre con el apoyo del clan de los abencerrajes, con el de los muchos descontentos del Albaicín quejosos por los impuestos abusivos y con el de mucha gente leal a la poderosa reina madre, Aixa la Horra, repudiada y humillada por una cristiana.

La guerra civil no se hizo esperar. Muley Hasán no solamente contó con la ayuda de los zegríes, clan enemigo de los abencerrajes, sino que hizo llamar a su hermano «el Zagal», que era por entonces gobernador de Málaga y un personaje muy popular tanto entre los moros como entre los mismos cristianos, que eran precisamente quienes le habían dado el apodo que ya dijimos que significa «el Valiente». Voló el Zagal en ayuda de su hermano, que no tardó en recuperar el trono granadino, aunque no por mucho tiempo. En 1483, Boabdil, que atendía el frente de la guerra civil más el de la guerra contra los cristianos, fue hecho prisionero en Lucena y confinado en la torre octogonal del Moral, lo que permitió a Muley Hasán recuperar su trono y su ciudad. El caballero que le apresó fue Martín Hurtado, pero el premio recayó sobre el comandante de las tropas castellanas, Diego Fernández de Córdoba, señor de Lucena que recibió el título de conde de Comares y el derecho a mostrar en su blasón la cabeza de un moro encadenado.

Pero Fernando el Católico tenía otros planes para tan valioso prisionero. Le iba a servir para recuperar el pago de los tributos que Muley Hasán se negaba a pagarle y, además, para organizar el asedio de Granada sin prisas, con aquel campamento estable que hizo construir en cuanto tomó la determinación de completar la conquista de al-Ándalus para la corona de Castilla. Para todo esto, solamente tenía que poner a Boabdil en libertad, con condiciones económicas y con la garantía de rehenes, como era habitual en la época.

Boabdil lo aceptó todo. Firmó el pacto de Córdoba por el que entregaba al Rey Católico los dominios granadinos de su padre Muley Hasán, por el que se comprometía a gobernar Granada como tributario de Castilla y a entregar como rehenes a Yusuf y Ahmed, los dos hijos que tuvo con su esposa Moraima. Moraima

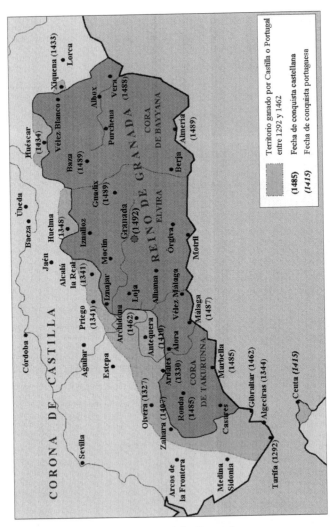

El reino nazarí de Granada.

aceptó esta nueva desdicha porque ya le había profetizado un respetado astrólogo que el último rey nazarí viviría mucho para padecer mucho. A cambio, recuperaría el trono de Granada. La guerra civil volvió, pues, a sumergir Granada en el dolor y la sangre y a preparar para el Rey Católico el escenario de la conquista final.

Mientras Boabdil negociaba con Fernando el Católico, en Granada, el Zagal se había hecho con el poder hasta el punto de que su hermano Muley Hasán, viejo, abatido, enfermo y agotado, abdicó y le cedió el trono. Él se retiraría con su dulce Zoraya a esperar el momento de volar al paraíso de las huríes de ojos negros que Mahoma prometió a los creyentes.

De esta manera, la guerra civil se reinició no entre padre e hijo sino entre tío y sobrino, y, como el Zagal se había instalado en la Alhambra, Boabdil se asentó con sus hombres en el Albaicín. Ambos podían vigilarse mutuamente desde sus lugares estratégicos. Y, de esta misma manera, mientras el tío y el sobrino medían sus fuerzas, Fernando el Católico aprovechaba la coyuntura para seguir desgranando los granos de la granada. Así, mientras el Zagal concentraba sus fuerzas en defender Málaga de los ataques cristianos, Boabdil se instalaba en la Alhambra, después de acordar con su tío el reparto de los territorios.

Málaga cayó en manos cristianas el 18 de agosto de 1487 y, tras ella, Vélez-Málaga, lo que obligó al Zagal a retirarse a Almería, cada vez más lejos de Granada, que ya estaba en poder de su sobrino. En 1488, los ejércitos cristianos avanzaban hacia Guadix, que resistió cuanto pudo hasta que cayó Baza, cuyo gobernador, Yahya el-Nayar, que era cuñado del Zagal, concertó con los Reyes Católicos una capitulación honrosa a espaldas de su poderoso pariente.

Era una guerra de desgaste, inútil y sin esperanza. Así lo entendió el Zagal y finalmente aceptó negociar con los Reyes Católicos, entregar Almería y retirarse a un señorío en la provincia de Murcia con rentas y vasallos. De allí marcharía a Fez, de donde nunca volvió[25].

LA CUESTA DE LAS LÁGRIMAS

> Desde la cumbre de uno de ellos dirigió el infortunado
> Boabdil su última y
> dolorida mirada sobre Granada, y por ello es conocido
> con el expresivo nombre de la Cuesta de las Lágrimas.
>
> *Cuentos de la Alhambra*
> Washington Irving

Ya estaba Boabdil solo frente al poderoso ejército cristiano. Los Reyes Católicos solamente tenían que esperar en su campamento estable de Santa Fe, mientras los granadinos, divididos como siempre en dos bandos, discutían si era preferible una capitulación honrosa que les permitiese conservar sus bienes o, los más románticos, resistir hasta el final y no entregar la ciudad sino después de muertos. La reina madre, como dijimos, empleó su carácter vivo y su personalidad pujante a favor de los que deseaban continuar la lucha y morir antes que entregarse.

Pero Boabdil tomó pronto su decisión y en enero de 1492 firmaba con los Reyes Católicos las capitulaciones de Granada, a las que algunos autores califican de un ejemplo de tolerancia. No hay duda de que lo fueron como tampoco hay duda de la escasa duración de tal ejemplo. Conociendo como conocemos la intolerancia de la Reina Católica hacia todo lo que implicase impureza, como para ella implicaban los judíos o los musulmanes, no nos queda sino lamentar que no se cumpliesen las condiciones pactadas y desear que nunca se hubiera

---

[25] Fuente: http://www.mcnbiografias.com

La pérdida de Granada y la partida de Boabdil hacia su nuevo destino están repletas de leyendas y de romances. Manuel Gómez-Moreno pintó la *Salida de la familia de Boabdil de la Alhambra,* que se conserva en el Museo de Bellas Artes de Granada.

expulsado de España a los mejores artesanos, científicos y poetas que hubo en aquel tiempo. Christiane Stallaert, hispanista belga, ha puesto de relieve en su ensayo *Ni una gota de sangre impura* las similitudes entre la España inquisitorial de los Reyes Católicos y la Alemania nazi de Hitler, que cristalizan en «la preocupación enfermiza por la cohesión social y la búsqueda de la solución en la eliminación brutal de la diversidad étnica». Étnica o religiosa, tanto da.

Las capitulaciones de Granada concedieron a Boabdil, como dijimos, un señorío en las Alpujarras, al que partió con su familia y sus bienes sobre la recua de mulas que Washington Irving vio cruzar el puerto del Suspiro del Moro. Pero era un rey maldito, nacido para vivir mucho

La intolerancia religiosa privó a España de sus mejores artesanos y científicos al expulsar a los musulmanes y a los judíos. Pere Oromig, *Embarque de moriscos en el Grao de Valencia*. Colección Bancaja, Valencia.

y sufrir mucho, porque pronto, probablemente acosado por remordimientos y por el malestar de los suyos, tuvo que abandonar para siempre las tierras que otrora se llamaran al-Ándalus, camino de Fez, siguiendo los pasos de su tío el Zagal y de otros muchos que le precedieron.

Las capitulaciones de Granada brindaron a los musulmanes todo el respeto que su religión y su cultura merecían, pero, como dijimos, ese respeto no tardó en desaparecer. En el año 1499, las tierras que antes ocuparan hubieron de repoblarse con cristianos, porque la mayoría de los moros españoles habían abandonado su país en busca de un lugar más acogedor. En cuanto a los reyes cristianos, aquella victoria definitiva les dio ánimos para continuar su Cruzada y conquistar el norte pagano de África y la Tierra Santa ocupada por los turcos desde tiempo atrás.

En 1495, el viajero alemán Jerónimo Münzer escribió en su *Viaje por España:* «las costas de África tiemblan ante vuestras armas y están dispuestas a someterse a vuestros cetros». Pero no pasaron de Melilla que, bastante despoblada, se entregó sin grandes aspavientos a las armas y a los cetros españoles. Pedro de Estopiñán la tomó solamente con cinco mil infantes en 1497. Los Santos Lugares permanecieron en manos musulmanas hasta 1917, en que el general británico Allenby, el jefe de Lawrence de Arabia, los devolvió a la cristiandad, aunque no tardaría mucho en cumplirse la profecía evangélica: «Jerusalén será pisoteada por los gentiles, hasta que los tiempos de los gentiles se cumplan» (*Lucas* 21, 24).

Bibliografía

ABDERRAMAN JAH, Cherif. *Los aromas de al-Ándalus,* Madrid: Alianza Editorial, 2001.

ALFONSO X EL SABIO. *Antología.* Barcelona: Ediciones Orbis, 1983.

ÁLVAREZ, Arturo; ANACLETO, Regina; NAVASCÚES, Pedro; LISS, Peggy; PÉREZ, Joseph; BERMEJO, Elisa; ET AL. *Isabel la Católica Reina de Castilla.* Barcelona: Lunwerg Editores, 2002.

El sagrado Corán, Barcelona: Editorial Musa, 1983.

ESLAVA GALÁN, Juan. *Historia de España contada para escépticos.* Barcelona: Editorial Planeta, 2004.

GARCÍA BALLESTER, Luis. *Historia social de la medicina en España: la minoría musulmana y morisca.* Madrid: Akal Editor, 1976.

GARCÍA DE CORTÁZAR, Fernando, *Atlas de historia de España.* Barcelona: Círculo de Lectores, 2003.

García Fitz, Francisco. «La Reconquista: un estado de la cuestión». En: *Clio & Crimen,* 2009, n.º 6, Universidad de Extremadura.

Historia de la humanidad: desarrollo cultural y científico. Vol. 3: Las grandes civilizaciones medievales, I. Preparada por Elisséeff, Vadime, y bajo el patrocinio de la Unesco por la Comisión Internacional para una Historia del Desarrollo Científico y Cultural de la Humanidad. Barcelona: Editorial Planeta, 1963.

Hourani, Albert. *Historia de los pueblos árabes.* Barcelona: Círculo de Lectores, 1996.

Ikram Antaki. *La cultura de los árabes,* Madrid: Siglo XXI Editores, 1989.

Irving, Washington, *La Alhambra. Cuentos completos.* Madrid: Biblioteca de Bolsillo, 1953.

Simonet, Francisco Javier, *Historia de los mozárabes de España.* Madrid: Ediciones Turner, 1983.

Kahn, Armand, *Arabia sagrada.* Barcelona: Ediciones Abraxas, 2000.

López, Paulina; Viguera, M. Jesús y Vázquez, M. Concepción. *El islam. Historia de la Humanidad.* Madrid: Arlanza Ediciones, 2000.

Mandel, Gabriela. *Mahoma.* Madrid: Editorial Prensa Española, 1970.

Martos, Ana. *El mal de amor.* Madrid: Ediciones Libertarias, 2002.

—, *Historia medieval del sexo y del erotismo.* Madrid: Nowtilus, 2008.

Maura Gamazo, Gabriel. *Rincones de la Historia.* Madrid: Espasa Calpe, 1942.

Monsell Lobo, M. M. *Qurtubat.* Córdoba: Ediciones Litopress, 2006.

Montenegro, Julián y Del Castillo, Arcadio. «La expedición de Abd al-Malikibn Qatan al-Fihri a los Pirenaica Luga en el anónimo mozárabe de 754». En: *Hispania,* 2004; n.º 216: LXIV/1, (revista electrónica).

Orlandis, José. *La vida en España en tiempos de los godos.* Madrid: Ediciones Rialp, 2006.

—, *Semblanzas visigodas.* Madrid: Ediciones Rialp, 1992.

Pijoán, José. *El arte islámico.* Madrid: Editorial Espasa Calpe, 1966.

Pirenne, Henri. *Mahoma y Carlomagno.* Madrid: Alianza Editorial, 1978.

Soriano Fuertes, Mariano. *Música árabe-española.* Barcelona, 1853.

Spence, Lewis. *Mitos y leyendas de España.* Madrid: Edimat Libros, 2000.

Thema Equipo Editorial. *El islam, La Meca y la gran expansión. Grandes civilizaciones.* Madrid: Ediciones Rueda, 2002.

Ubieto Arteta, Antonio. *Historia ilustrada de España. Musulmanes, cristianos y judíos.* Barcelona: Editorial Debate, 1994.

Valdeón Baruque, Julio. *La Reconquista,* Madrid: Editorial Espasa Calpe, 2006.

VERNET, Juan. *Los musulmanes españoles.* Barcelona: Ediciones Sayma, 1961.

VOLTES, Pedro. *El reverso de la historia.* Barcelona: Círculo de Lectores, 1993.

— *Historia inaudita de España.* Barcelona: Plaza & Janés, 1984.

COLECCIÓN BREVE HISTORIA...

- *Breve historia de los samuráis,* Carol Gaskin y Vince Hawkins
- *Breve historia de los vikingos,* Manuel Velasco
- *Breve historia de la Antigua Grecia,* Dionisio Mínguez Fernández
- *Breve historia del Antiguo Egipto,* Juan Jesús Vallejo
- *Breve historia de los celtas,* Manuel Velasco
- *Breve historia de la brujería,* Jesús Callejo
- *Breve historia de la Revolución rusa,* Íñigo Bolinaga
- *Breve historia de la Segunda Guerra Mundial,* Jesús Hernández
- *Breve historia de la Guerra de Independencia española,* Carlos Canales
- *Breve historia de los íberos,* Jesús Bermejo Tirado
- *Breve historia de los incas,* Patricia Temoche
- *Breve historia de Francisco Pizarro,* Roberto Barletta
- *Breve historia del fascismo,* Íñigo Bolinaga
- *Breve historia del Che Guevara,* Gabriel Glasman
- *Breve historia de los aztecas,* Marco Cervera
- *Breve historia de Roma I. Monarquía y República,* Bárbara Pastor
- *Breve historia de Roma II. El Imperio,* Bárbara Pastor

- *Breve historia de la mitología griega,* Fernando López Trujillo
- *Breve historia de Carlomagno y el Sacro Imperio Romano Germánico,* Juan Carlos Rivera Quintana
- *Breve historia de la conquista del Oeste,* Gregorio Doval
- *Breve historia del salvaje oeste. Pistoleros y forajidos.* Gregorio Doval
- *Breve historia de la Guerra Civil Española,* Íñigo Bolinaga
- *Breve historia de los cowboys.* Gregorio Doval
- *Breve historia de los indios norteamericanos,* Gregorio Doval
- *Breve historia de Jesús de Nazaret,* Francisco José Gómez
- *Breve historia de los piratas,* Silvia Miguens
- *Breve historia del Imperio bizantino,* David Barreras y Cristina Durán
- *Breve historia de la guerra moderna,* Francesc Xavier Hernández y Xavier Rubio
- *Breve historia de los Austrias,* David Alonso García
- *Breve historia de Fidel Castro,* Juan Carlos Rivera Quintana
- *Breve historia de la carrera espacial,* Alberto Martos
- *Breve historia de Hispania,* Jorge Pisa Sánchez
- *Breve historia de las ciudades del mundo antiguo,* Ángel Luis Vera Aranda
- *Breve historia del Homo Sapiens,* Fernando Diez Martín

- *Breve historia de los cátaros,* David Barreras y Cristina Durán
- *Breve historia de Hitler,* Jesús Hernández
- *Breve historia de Babilonia,* Juan Luis Montero Fenollós
- *Breve historia de la Corona de Aragón,* David González Ruiz
- *Breve historia del espionaje,* Juan Carlos Herrera Hermosilla
- *Breve historia de los vikingos (reedición),* Manuel Velasco
- *Breve historia de Cristóbal Colón,* Juan Ramón Gómez Gómez
- *Breve historia del anarquismo,* Javier Paniagua
- *Breve historia de Winston Churchill,* José Vidal Pelaz López
- *Breve historia de la Revolución Industrial,* Luis E. Íñigo Fernández
- *Breve historia de los sumerios,* Ana Martos Rubio
- *Breve historia de Cleopatra,* Miguel Ángel Novillo
- *Breve historia de Napoleón,* Juan Granados